# 100℃로 올리는

# 페스티벌 기술

독창성과

기획이

만나다

**100℃로 올리는**

**페스티벌 기술**

—

독창성과

기획이

만나다

—

**초판 1쇄 인쇄** 2014년 3월 10일
**초판 1쇄 발행** 2014년 3월 15일

–

**지은이** 박정배
**펴낸이** 이방원
**편　집** 안효희 · 김명희 · 조환열 · 강윤경
**디자인** 박선옥 · 손경화
**마케팅** 최성수

–

**펴낸곳** 세창미디어
출판신고 2013년 1월 4일 제312-2013-000002호
주소 120-050 서울특별시 서대문구 경기대로 88 냉천빌딩 4층
전화 02-723-8660 | 팩스 02-720-4579
이메일 sc1992@empal.com | 홈페이지 http://www.sechangpub.co.kr

–

**ISBN** 978-89-5586-200-3 93680


_ 책 값은 뒤표지에 있습니다.

이 도서의 국립중앙도서관 출판시도서목록(CIP)은 서지정보유통지원시스템 홈페이지(http://seoji.nl.go.kr)와
국가자료공동목록시스템(http://www.nl.go.kr/kolisnet)에서 이용하실 수 있습니다. (CIP제어번호: CIP2014007982)

페스티벌 강의노트

# 100℃로 올리는 페스티벌 기술

—

독창성과
기획이
만나다

—

박정배 지음

세창미디어

FESTIVAL NOTE 100℃

# 머리말

페스티벌에 대한 현대사회에서의 필요성은 날로 더해 가고 있다. 요즈음은 축제 또는 이벤트란 말로 더 알려져 있는데 각 국가는 물론 지자체에서도 여러 측면에서 그 역할과 기능이 더욱 중요해져 가고 있다. 축제(祝祭)란 말 그대로 예술적 요소가 포함된 제의를 일컫는다고 할 수 있으며, 인간이 소망하는 일이 이루어지기를 바라는 제사, 의식 및 행사를 의미한다고 할 수 있다. 학생들은 이 교재를 통해 축제이벤트에 대해 몰랐던 세계를 알게 되고, 현대 사회에서 축제가 일반 행사만큼 중요하다는 사실을 깨닫게 될 것이다.

이 교재는 각각의 각론에 깊이 들어가기보다는 축제이벤트 분야를 하나의 흐름으로 파노라마 형식으로 전개하였다. 자칫 딱딱하고 재미없게 느끼며 이 분야의 학문에 접할지 모르는 학생들의 지루함을 덜어주기 위해 파워포인트 강의 형식의 자료로 주요 포인트를 구성하여 쉽게 접근할 수 있도록 하였다.

이 책은 전부 11장으로, 1장 이벤트의 이해, 2장 축제이벤트 이해, 3장 축제의 개념과 본질, 4장 페스티벌 방문객의 이해, 5장 문화관광축제 이해, 6장 페스티벌의 분류와 효과, 7장 페스티벌의 기획과정, 8장 페스티벌마케팅의 이해, 9장 페스티벌의 홍보마케팅, 10장 페스티벌의 스폰서십, 11장 페스티벌의 평가이해로 구성하였다.

이 책의 기본 틀과 내용구성에 관한 아이디어는 현업에서 활동한 경험과 학교현장교육 그리고 산학협력과정에서 습득한 노하우와 많은 국내외 선행연구에서 가져왔다. 특히 많은 조언과 관련 저서를 활용하도록 배려해주신 이경모 교수님과 지면관계상 한 분 한 분 호명할 수 없는 아쉬움이 있지만 자료를 제공해 주신 관계기관 및 전문가분들에게 깊은 감사의 마음을 전한다. 주된 출간 목적은 학생들의 강의를 위한 교재와 페스티벌 분야에 입문하고자 하는 일반인을 위하여 출간하게 되었다.

구차한 변명 같지만, 의욕만 앞선 것이 아닌가 싶은 생각에 왠지 마음이 무겁다. 특히 저자의 부족함으로 많은 분들의 앞선 연구물들을 상당 부분 활용한 점은 스스로에게 지속된 후속연구의 경각심을 갖고, 학자로서 더욱 분발할 것을 다짐해본다.

끝으로 이 책은 융·복합 형식의 성격에 맞는 교재의 필요성과 학문적으로 체계적인 정리를 하되 나름 새롭게 강의노트 형식으로 구성해 보자는 취지에서 집필되었다. 학생들은 이 교재를 통해 우리 학문에서 다루는 페스티벌 이벤트산업 분야가 재미있는 학문 영역임을 깨닫게 되기를 바란다.

아울러 책으로 완성되기까지 물신양면으로 도움을 준 세창미디어 관계자분들, 관심과 격려로 힘을 주신 평소 존경하는 김동호 위원장님, 김영수 위원장님, 이어령 고문님께 큰 감사를 드린다.

2014. 2.

저자 박정배

# Contents

## 1_ 이벤트란 무엇인가



## 2_ 축제이벤트의 이해

## 6_ 축제의 분류와 효과



## 7_ Festival의 기획과정

## 11_ Festival 평가

페스티벌 강의노트

# 100℃로 올리는 페스티벌 기술

독창성과
기획이
만나다

1

# 이벤트란 무엇인가

FESTIVAL NOTE 100℃

## 이벤트의 어원과 개념

American Heritage dictionary에 의하면, 우발적인 사건과 같이 일상적인 상황의 흐름 중에서 특별하게 발생하는 일이다.

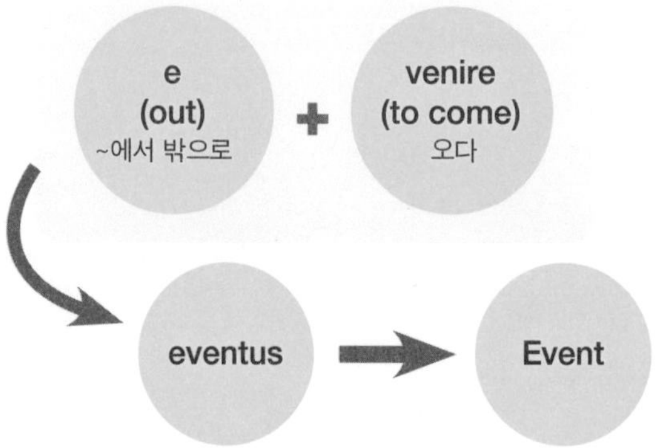


## 이벤트의 사전적 의미

| | |
|---|---|
| 의 미 | 현존하고 있는 것과는 다르게 무언가 발생되는 일 또는 발생된 중요한 일을 말한다. |
| 폭 | 자연적으로 발생하는 개념을 포함한 사건·행사·경기· 특별한 사건 등 매우 포괄적인 의미를 포함한다. |

## 이벤트의 현상적 의미

| | |
|---|---|
| 의 미 | 사람들이 모이도록 모임을 개최하여 정해진 목적을 실현시키기 위하여 행해지는 행사이다. |
| 폭 | 인위적으로 발생시키는 일이라는 제한적인 의미를 지니고 있다. |

## 이벤트 정의가 다양한 이유는?

이벤트에 관한 정의는 매우 다양하다: 이벤트라는 용어를 인용하고, 주관 · 주최하여 사용하느냐에 따라 그 의미는 아주 다양하게 해석되고 전세계적으로도 그 나라의 특성과 조건에 따라 각기 다른 뜻으로 해석하는 경향이 있다.

이처럼 이벤트의 정의가 아직 명확히 설정되어 있지 않은 이유는?
이벤트라는 학문에 관한 연구가 비교적 짧은 편이고, 학문으로 위치를 갖게 된 것도 그리 오래되지 않았으며, 각 분야의 학계나 업계 등의 해석하는 시각이 다르기 때문이다.

## 이벤트의 개념적 접근

제례론적 접근　이벤트는 인간의 능력을 통제할 수 없는 초자연적 현상을 인간의 생활 속으로 끌어들여 제례나 전통행사 등이 발전했으며, 이러한 전통행사가 현대 이벤트의 근원이 된다는 개념이다.

미디어론적 접근　이벤트가 주최자와 참여자 간의 쌍방향 의사전달이 가능한 미디어로서 성장하였고, 사회의 변화에 따라 커뮤니케이션 미디어로서 발전할 것이라는 개념이다.

문화예술론적 접근　이벤트가 그 자체로서 문화성을 지니고 있고, 이를 수행하기 위해서는 연출, 기술, 엔지니어링 등이 필요하다는 개념이다.

산업론적 접근　이벤트가 복합적 성격을 지닌 업종으로서 여러 종류의 산업과 연계되어 융합되고 네트워크화되어 새로운 산업의 형태로 형성된다는 개념이다.

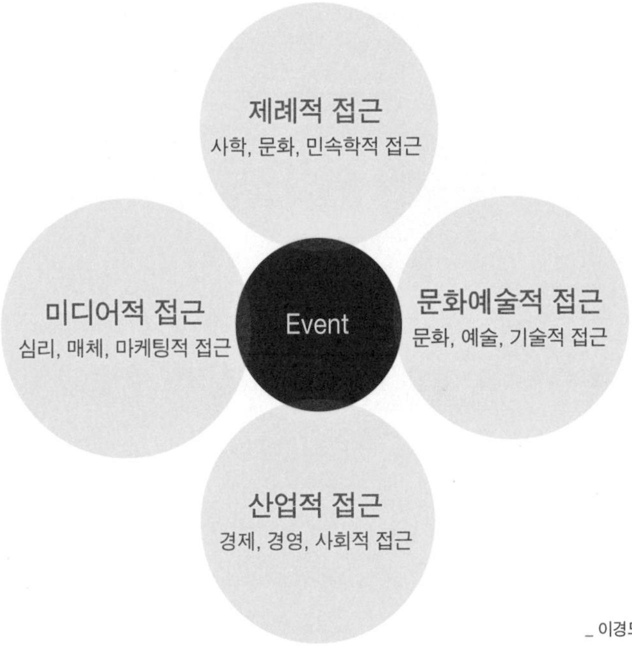


_ 이경모(2003)

## 이벤트를 산업으로 접근하는 이유

_ 이벤트를 설득적 커뮤니케이션기법으로 활용하는 분야로 광고 · 판촉 · PR의 수단으로 이벤트가 사용되었다.

_ 이벤트를 하나의 관광상품으로 관광산업 활성화를 위하여 개발된 소프트웨어가 관광이벤트이다.

_ 이벤트는 문화상품으로 소득수준이 높아지고, 삶의 질을 중요시할 때 대중들은 문화나 스포츠에 대한 필요와 욕구가 높아진다.

_ 이벤트는 정보교류의 수단의 장으로 국제화 · 세계화 추세에 따라 그 범위는 지속적으로 확대되며 이는 이벤트분야의 국제회의이다.

## 마케팅으로 이벤트 위치

| | |
|---|---|
| 경영구분 | 국가경영, 가계경영, 기업경영 |
| 기업경영 | 생산, 재무, 인사, 마케팅 |
| 마케팅 | 제품, 가격, 장소, 촉진 |
| 촉진 | 광고, 홍보, 인적판매, SP |
| SP | POP, DM, 쿠폰, 이벤트 |

## 이벤트의 분야별 접근

_

이벤트 관련 분야별로 매우 다양한 접근이 가능하며, 접근된 분야별로 모든 것이 이벤트현상과 밀접하게 관련된 것이라고 할 수 있다.

| | |
|---|---|
| 문화 | 축제, 음악연극 · 무용, 문화예술전시, 패션쇼 등 |
| 공연 | TV프로그램, 대중예술공연, 콘서트, 미디어이벤트 |
| 광고 | 판촉, 상품홍보, 기업홍보, 광고이벤트 |
| 관광 | 지역축제, 국제회의, 메가 · 스포츠이벤트 |
| 체육 | 레크리에이션, 메가, 프로 · 아마경기, 스포츠이벤트 |

## 이벤트의 성격에 따른 유형과 분류

–

Getz(1997), 일본이벤트산업진흥협회(1999), 박경열(2012) 연구내용에서 재구성한 이벤트의 분류

| | |
|---|---|
| 박람회 | 엑스포 및 그에 준하는 지역박람회 |
| 페스티벌 | 지자체 · 공공단체가 기획하는 복합형 이벤트 |
| 견본시, 전시회 | 일반 민간업체 · 단체가 전시하는 견본시 · 전시이벤트 |
| 회의 | 국제회의(2개국 이상 참가), 국내회의 형태의 이벤트 |
| 문화 | 문화예술을 기반으로 하는 일반적인 이벤트 |
| 스포츠 | 민간단체, 기업, 국가, 체육관련 조직, 지자체 주도의 스포츠행사 |
| 판촉 | 기업 판촉활동의 일환으로 행하여지는 이벤트 |

## 따라서 이벤트의 접근은?

모든 학문은 인간사회의 필요성에서 시작되어 과학으로 정립된다. 사회가 다양화되고, 학문이 시대를 따라 발전해가면서 새로운 학문으로 성립되는 분야가 많아지고 있다. 이벤트는 그러한 분야의 하나이며 최근 다양하게 접근되고 있다. 그러나 학문적 또는 논리적 바탕 없이 이벤트 현상이 특정 분야에 종속되어 있다고 접근하는 잘못된 편견은 이벤트를 연구하는 학문과 관련산업이 발전해 가면서 차츰 줄어들 것으로 보인다.

## 이벤트 구성요소

| | |
|---|---|
| 기간(when) | 언제 개최되느냐<br>: 참가자의 관심과 접근성을 최대화하거나 또는 제한 |
| 장소(where) | 어디서 개최되느냐(참가자 구성, 분포가 차이)<br>: 개최되는 지역, 운영되는 특정 장소 |
| 대상(who) | 누가, 누구를 위해 하는가<br>: 개최 전, 기획 및 운영의 개념을 설정하는데 중요 |
| 목적(why) | 왜 개최하는가<br>: 이벤트 개최목적을 명확하게 설정(성공의 핵심) |
| 내용(what) | 무엇을 할 것인가<br>: 독특한 아이디어와 체계적인 준비에 따라 수준 결정 |

## 이벤트의 특성

- **긍정성** | 즐거움, 좋은 일에 대한 축원, 발전지향 등 긍정적 개념을 바탕으로 발생되는 의미가 함축되어 있다.
- **계획성** | 주어진 시간에 특정 목적을 달성하기 위하여 인위적으로 행해지는 계획된 행사라는 개념이다.
- **비일상성** | 일상생활과 구별되어 빈번히 발생되지 않는 개념의 일. 매일 매일 부딪히게 되는 일상적 활동이 아닌 것을 말한다.

## 이벤트의 학술적 정의

이경모(2012)의 연구에 의하면,

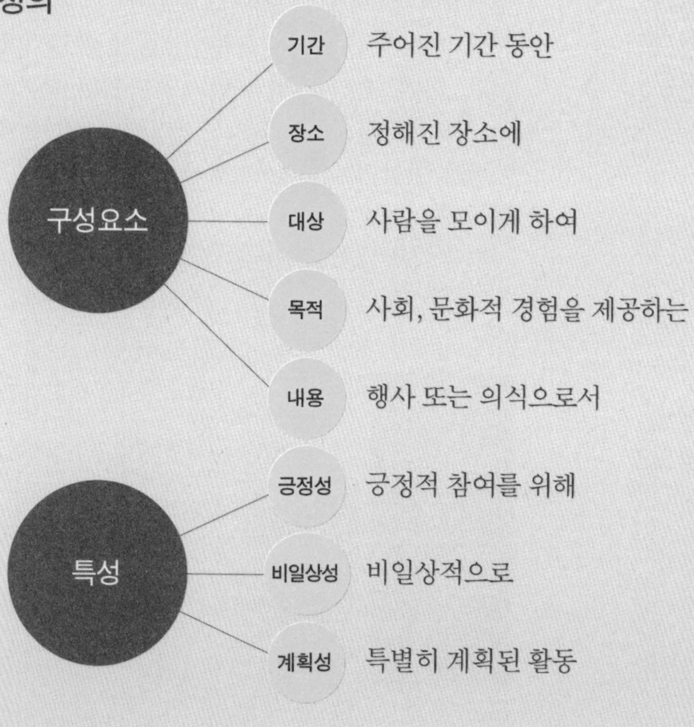

## 본서의 이벤트의 정의

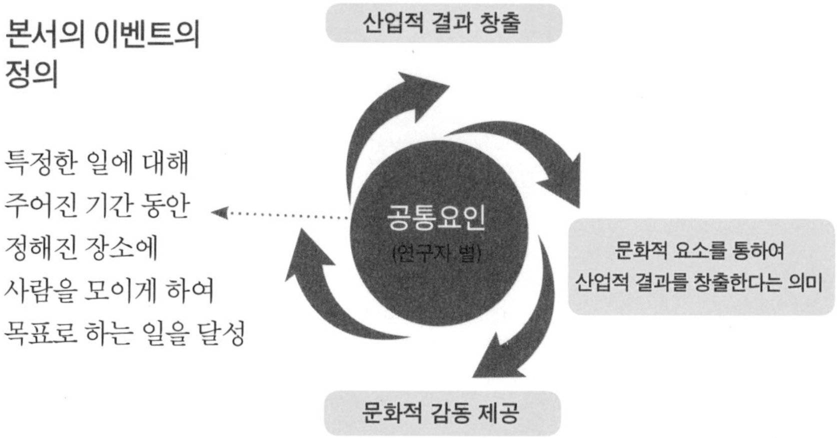


· 박정배(2009)는 특정한 일에 대해 주어진 기간 동안 정해진 장소에 사람을 모이게 하여 목표로 하는 일을 달성하기 위해 문화적 요소를 제공하여 부가가치를 통한 산업적 결과를 창출하는 것으로 이벤트를 정의한다.

## 이벤트유형과 분류

## 참가자에 따른 이벤트 분류

–
Marris(1987)
Ritchie(1984)

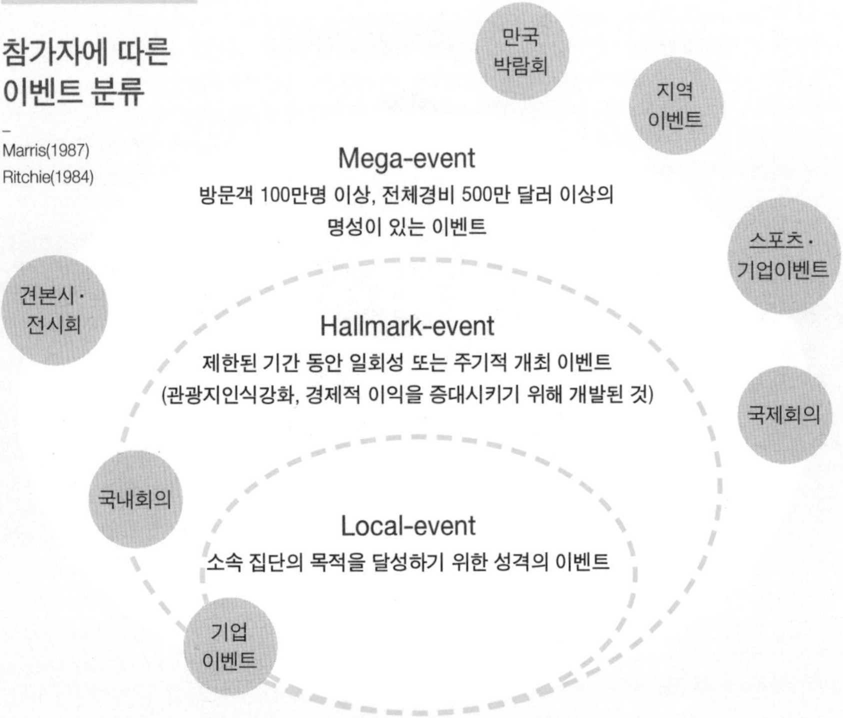


## 국외의 이벤트학문 동향

**서구의 이벤트학**

Event management(국제학술지)
Donald Getz(1994), Bruce wicks: 지역축제중심
George washington 대학: 이벤트관리프로그램교육과정 개설

**일본의 이벤트학**

일본이벤트학회 발족(1998.3월)
요코하마에서 운영: 민간부문의 전통축제와 산업전시회 등 중심
(사)일본이벤트산업진흥협회 주관: 이벤트업무관리자 자격제도

_ GWU(미) - QMU(영)이벤트경영프로그램인증 교육과정

| 구분 | 과목명 |
|---|---|
| 필수과목 | Events Management(이벤트경영실제)<br>Business Management(사업관리)<br>Events Coordination(이벤트 코디네이션)<br>Events Marketing(이벤트 마케팅)<br>Risk Management Financial, Legal, and Ethical Safeguards(재정, 법률, 윤리 위기관리) |
| 선택과목 | Career Advancement Program(경력 향상 과정)<br>Catering Design and Coordination(연회 디자인과 코디네이션)<br>Corporate Event Management(기업이벤트 관리)<br>Event Fundraising(이벤트 기금조성)<br>Introduction to Event Information Systems(EIS)(이벤트정보시스템 소개)<br>Event Laboratory(이벤트이론연구)<br>Event Management Motivational Seminar(이벤트관리 동기부여 세미나)<br>Event Sponsorship(이벤트 스폰서십)<br>Exposition / Trade Show Planning Management and Marketing(박물관 무역전시)<br>Government, Civic, and Political Event(정부, 민간, 정치이벤트)<br>Meeting and conferences(회의 및 컨퍼런스)<br>Sport Event Marketing and Management(스포츠 이벤트 마케팅과 관리)<br>Starting, Growing, and Managing an Event Business(이벤트사업 기획 전개 및 관리)<br>Wedding Planning, Coordination, and Consulting Workshop(결혼이벤트 기획 등)<br>Internet Event Marketing(인터넷 이벤트마케팅)<br>Celebration Historical Event(국가기념이벤트) |
| 특별세미나 | International Convention & Congress Researches Marketing Conference(국제회의 및 마케팅 연구세미나) |
| 출처 | GWU-Event Management Certificate Program / QMU-Business, Enterprise and Management에서 재구성 |

## 국내의 이벤트학문 동향

- 이벤트 관련 학과의 개설 증가
- 50여개 대학에서 이벤트전공 개설 및 과목을 커리큘럼으로 채택

  * 학과명칭은 사용하지 않지만 이벤트연계전공 채택 실행(예: 청운대학교 방송예술대학 공연기획경영학과)

- 여러 학과(신문, 방송, 광고관련 또는 관광, 미디어 관련학과 등)들이 이벤트산업의 인기와 중요성을 고려하여 이벤트중심의 학과로 전화해 나가고 있음.
- 이벤트 관련 학술협회가 설립·운영되어 학문적 발전과 산·관·학의 관계에 발전에 기여하고 있음.

_ 이벤트 관련 학회 현황

| 구분 | 설립연도 | 목적 | 주요 목적 |
|---|---|---|---|
| 한국이벤트학회 | 1999(일반) | 이벤트학문에 대한 기본정립 | 이벤트관련 학문에 대한 연구 개발, 관련 정보의 수집, 자격제도에 관한 정책의 연구, 세미나 개최 등 |
| 한국컨벤션 학회 | 2001(등재후보) | 국제회의와 전시사업 분야의 학문적 발전을 도모 | 국제회의 및 전시유치개최 관련 정보제공, 국제회의 및 전시유치 자문 등 |
| 한국이벤트 컨벤션학회 | 2005(일반) | 산관학 협조와 발전에 기여 | 학술세미나의 계획과 운영, 학술논문, 현업사례, 정책제언 등으로 산관학의 역할 정립 |

* 현재 등재후보학회와 일반학회 등 3개 학회가 있으나 정기적으로 학술지를 발간하고 있는 곳은 한국이벤트컨벤션학회와 한국컨벤션학회이다(2014년 기준).

_ 이벤트관련 협회 현황

| 구분 | 설립연도 | 소재지 | 목적 | 주사업내용 |
|---|---|---|---|---|
| 한국이벤트 프로모션협회 | 1998 | 서울 | 공익을 위한 이벤트 문화의 정착과 질적 향상 도모, 회원 상호간의 협력체제 구축, 이벤트 환경 개선발전 | 이벤트 관련 각 기업간 공정하고 조속한 기술교류 및 업무 제휴 |
| 한국컨벤션이벤트 협동조합 | 2000 | 서울 | 컨벤션, 전시, 이벤트 등 행사 관련 산업의 중심축으로 관련 업계의 경제적 지위향상과 균형발전을 도모 | 공동사업추진사업, 정보화 추진사업, 정책 건의 및 애로사항 발굴, 교육연수 및 경영정보 지원, 해외교류 사업 |
| 한국이벤트 연구소 | 2003 | 서울 | 이벤트산업의 연구, 사업 시행과 아울러 전문종사인력, 관련업계 및 학계회원의 권익보호와 사회적 지위향상 그리고 국가산업경쟁력강화 및 국민문화생활창달에 기여 | 이벤트기획과 운용, 기획자 양성, 국내외 인사교류, 세계 네트워크망 구축, 인력풀, 간행물발간사업과 기타 목적사업 |
| 한국이벤트협회 | 2012 | 서울 | 이벤트인의 네트워킹 형성과 이벤트산업의 법적 제도화로 이벤트산업진흥원 설립 | 이벤트인 권익신장과 재정자립기반종성, 조직기반확립 등 |
| 한국이벤트산업 협동조합 | 2012 | 서울 | 기관 및 업계의 의견을 종합 조정, 국내외 관련 기관과의 상호협조를 통한  이벤트산업육성을 도모 | 산업인력풀확대 및 전문능력 강화 사업개발, 산업의 질적성장 도모, 공정거래 활성화 등 |

## 이벤트 관련 국가별 논문현황

| 연구논문 국가별 | 논문 발표 장소별(%) | 연구된 이벤트 개최지 별(%) |
|---|---|---|
| 미국 | 56.6% | 47.8% |
| 캐나다 | 20.5% | 20.3% |
| 호주/뉴질랜드 | 10.8% | 11.6% |
| 영국 | 7.2% | 7.2% |
| 유럽(영국제외) | 3.6% | 5.8% |
| 아시아 | 1.2% | 1.4% |
| 기타 | - | 5.8% |

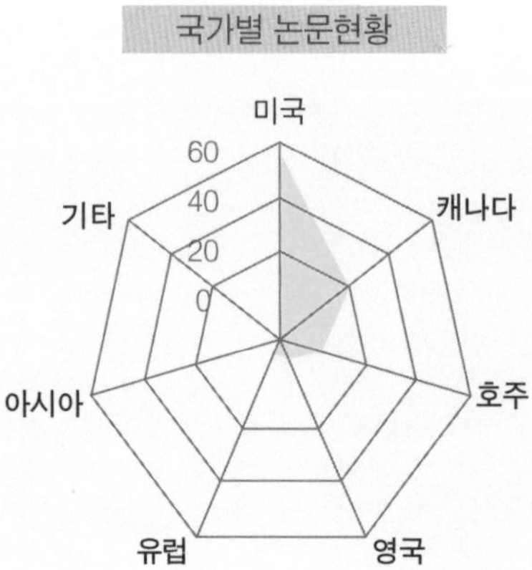


## 이벤트 관련 연구현황

| 연구영역별 | 비율(%) |
|---|---|
| 경제적 효과 | 24% |
| 마케팅 | 21% |
| 분류와 특성 | 16% |
| 스폰서 관련 | 16% |
| 일반관리 | 16% |
| 동향 및 예측 | 6% |

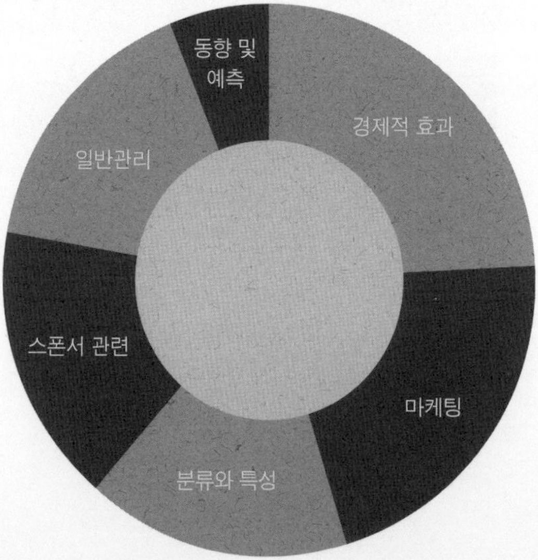

## 국내이벤트 관련 연구현황 (2005-2010)

_ 출처
이벤트컨벤션연구 제6권 제1호
(통권 제12호, pp.81-97).
2012 한국이벤트컨벤션학회 정기총회 및
학술대회 발표자료(pp.35-40).

| 유형 | 논문편수 | 비율(%) |
|---|---|---|
| MICE | 25 | 32.1 |
| 이벤트(종합) | 18 | 23.1 |
| 축제 | 18 | 23.1 |
| 문화 | 6 | 7.7 |
| 스포츠 | 4 | 5.1 |
| 파티 | 2 | 2.5 |
| 테마 파크 | 2 | 2.5 |
| 기타(방송,판촉,관광 등) | 3 | 3.9 |
| 행동 | 32 | 41.0 |
| 마케팅 | 13 | 16.7 |
| 운영 | 12 | 15.4 |
| 인사관리 | 7 | 9.0 |
| 평가 | 5 | 6.4 |
| 스폰서십 | 4 | 5.1 |
| 위기관리 | 2 | 2.6 |
| 재무관리 | 2 | 2.6 |
| 기타(관광) | 1 | 1.2 |
| 계 | 78 | 100% |

## 이벤트산업 활성화를 위한 정책방안

### 지난 25년간 꾸준한 성장을 거듭하였고, 향후 성장 잠재력이 높은 산업이다.

**정부 내 담당 주관 부서 지정**

법과 제도의 마련 등을 위해 필요하다. 발전을 위한 관행개선과 발전방안 추진, 금융·세제지원 방안 모색한다.

**기존 법 체계 내에서 개선 가능성을 우선 모색**

관·학·산·연의 긴밀한 협조와 네크워크가 필요하다. 그 과정을 거쳐 새로운 법 제정을 시도하고 정부의 정책을 도출한다.

**이벤트 산업의 분류 및 실태조사, 고용 등 파급효과, 외국사례 연구 등 실시**

이벤트 산업을 위한 전문성과 내용과 범위를 연구(네트워크를 통한 역량 강화)한다.

**신규 법 제도 및 제도 마련**

이벤트산업 발전 관련 법 제정 시도와 자격 제도를 마련(관련조사 연구 선행)한다.

페스티벌 강의노트

1_

# 이벤트란 무엇인가

사례검토_

## 영국의 에딘버러축제

Edinburgh International Festival

FESTIVAL NOTE 100℃

## 영국의 개요

### 유럽으로부터 독자적인 자존심을 유지하고 있는, 영국

- 수도: 런던(London, 707만 명)
- 인구: 약 5천 880만 명
- 면적: 241,752㎢(한반도의 1.1배)
- 주요도시: 에딘버러(Edinburgh), 캠브리지(Cambridge)
- 주요민족: 앵글로 색슨(Anglo-Saxons), 켈트(Celts)
- 주요언어: 영어
- 종교: 영국 국교(Anglican, 50%), 카톨릭(11%), 개신교(30%), 기타(39%)

## 영국의 기원과 정식 명칭

- 정식명칭

'그레이트 브리튼과 북아일랜드 연합 왕국'(United Kingdom of Great Britain and Northern Ireland) → 연합 국가 형태

: 그레이트 브리튼 섬, 북부의 스코틀랜드, 남동부의 잉글랜드, 남서부의 웨일즈, 아일랜드 섬 북쪽의 북아일랜드

- 영국의 기원

영국의 기원은 5-6C경 게르만계의 앵글로 색슨족이 잉글랜드에 침입해 9C경 통일된 왕국을 수립한 것에서 찾아볼 수 있는데 앵글로 색슨족과 켈트족 간의 갈등은 지금도 남아 있다.

## 스코틀랜드의 에딘버러시

- 에딘버러(Edinburgh)는 스코틀랜드 지방의 행정, 문화의 중심지
- 인구 45만명으로 글래스고(61만명) 다음으로 큰 도시
- 많은 역사적 건축물과 함께 아름다운 경관을 지닌 도시(근대 아테네)
- 런던에서 버스로 8시간, 기차로 4시간 30분, 비행기 1시간15분 소요
- 에딘버러라는 지명은 원래 노섬브리아의 왕이었던 에드윈에서 유래 (에드윈의 성읍(Edwin+Burgh)이라는 뜻에서 에딘버러라는 이름 탄생)

## 에딘버러시의 전략

축제전략으로 연간 1천 3백만 명의 관광객을 유치하면서 역경제활성화는 물론 '유럽의 꽃'으로 불리는 도시를 창출했다. (변덕스럽고 우충충하기로 악명 높은 날씨 극복)

## 에딘버러의 축제일정

| | | |
|---|---|---|
| EDINBURGH INTERNATIONAL science festival | 에딘버러 국제 과학축제 | 2014. 4. 5 ~ 4. 20, 15일간 |
| BANK OF SCOTLAND IMAGINATE FESTIVAL | 스코틀랜드 국제 어린이 축제 | 2014. 5. 5 ~ 5. 12, 7일간 |
| EDINBURGH INTERNATIONAL FILM FESTIVAL | 에딘버러 국제 영화제 | 2014. 6. 18 ~ 8. 29, 12일간 |
| EDINBURGH jazz&blues festival | 에딘버러 재즈 & 블루스축제 | 2014. 7. 19 ~ 7. 28, 10일간 |
| EDINBURGH ART FESTIVAL | 에딘버러 아트페스티벌 | 2014. 7. 31 ~ 8. 30, 30일간 |
| EDINBURGH MELA FESTIVAL | 에딘버러 MELA축제 | 2014. 8. 31 ~ 9. 2, 3일간 |
| fringe | 에딘버러 프린지 페스티벌 | 2014. 4. 5 ~ 4. 20, 15일간 |
| Tattoo | 에딘버러 따뚜 페스티벌 | 2014. 5. 5 ~ 5. 12, 7일간 |
| EDINBURGH INTERNATIONAL FESTIVAL | 에딘버러 국제 페스티벌 | 2014. 8. 8 ~ 8. 31, 23일간 |
| EDINBURGH INTERNATIONAL BOOK FESTIVAL | 에딘버러 재즈 & 블루스축제 | 2014. 8. 9 ~ 8. 25, 17일간 |
| Scottish International STORYTELLING FESTIVAL | 에딘버러 아트페스티벌 | 2014. 10. 24 ~ 1. 2, 9일간 |
| EDINBURGH'S HOGMANAY | 에딘버러 MELA축제 | 2014. 12. 30 ~ 2015. 1. 1, 3일간 |

* 출처: Edinburgh Festivals.co.uk.

## 에딘버러의 프린지축제

1947년 8개극단이 예술과 문화를 통한 전후 '유럽의 평화와 통합'을 기치로 변두리의 작은 극장에서 자발적으로 모여 공연하는 것으로 시작되었다.
프린지(fringe)란 본래 '가장자리' 또는 '주변'이라는 뜻으로 이러한 이름이 붙은 것은 공연을 취재한 한 기자가 공연에 대한 기사를 쓰면서 '페스티벌 변두리에서(on the fringes of the Festival)'라는 말을 쓴 데서 유래되었다.
현재는 연극, 영화, 무용, 음악 등 공연문화 전반을 아우르는 유명한 축제로 성장(지구상에서 가장 큰 예술축제로 기네스북 기록)했다.
도시 전역의 250여곳 장소에서 40,000명의 출연진의 2,500개 이상의 쇼와 함께 세계 최대 규모의 예술축제로 개최한다.

## 에딘버러의 대표축제

| 구분 | 개최시기(2014) | 비고 |
|---|---|---|
| 인터네셔널 | 8. 8 ~ 8. 31 | 23일간 |
| 프린지 | 8. 1 ~ 8. 25 | 24일간 |

에딘버러가 유명세를 타는 데 가장 큰 공헌을 한 페스티벌을 들라면 누가 뭐라 해도 에딘버러 인터내셔널 페스티벌과 페스티벌 프린지를 들 수 있다.
태생은 같지만 성장배경이 달랐던 탓에 이제는 생김새가 판이하게 다른 페스티벌이 되었다.

## 에딘버러의 프린지축제의 특징

- 프린지 축제위원회는 공연자를 초청하지 않는다.
- 비전통적인 공연공간을 사용하고 재정적인 위험부담은 스스로 감수한다.
- 관중의 수요에 적응하느냐 여부에 따라 살아남거나 퇴출당한다.
- 엄격한 심사를 통해서 수준 높은 예술작품만을 공연하는 에딘버러 국제 축제와 다른 점이다.

주최측이 참가 희망자에게 하는 3가지 역할 제공

① 자문과 안내
② 관광객을 위한 서비스 시스템
③ 참신한 홍보 및 관람객 유치

## 에딘버러의 프린지축제 마케팅

세계 각국의 공연기획자들은 프린지축제에 와서 공연되는 작품을 보고, 예술성과 상품성을 평가하여 마음에 드는 작품이 있으면 구매하므로 견본시장의 역할을 하고 있다.
'미스터 빈', '델라구아다', '검부츠' 등이 에딘버러 프린지 축제에서 공연되었다가 세계적으로 유명해진 대표적 작품이며, 우리에게 잘 알려진 '난타'(1999)도 좋은 평가를 받은 이후 국내는 물론 세계적인 상품이 되었다.

## 에딘버러의 프린지축제의 다양한 공간활용

공연장은 극장, 콘서트 홀, 학교, 교회, 호텔, 카페, 클럽, 식당, 야외정원 등 약 200개의 다양한 공간을 사용하고 있다. 공연을 할 수 있는 공간이면 어느 곳이나 사용할 수 있다. 축제 기간 동안 500m에 이르는 에딘버러의 하이라이트는 오전 10시 30분부터 밤 9시까지 자동차 통행을 통제해 거리 전체가 공연장으로 바뀐다.

## 에딘버러의 프린지축제의 성공비결

- 에딘버러 도시 자체의 매력 및 연중 축제 활용
- 공연, 관객, 언론인, 지역주민 등 사람의 역할
- 새로운 공연자의 진출 무대로 명성: 전 세계 공연관계자 에딘버러 프린지 등에 참가
- 축제조직, 지방정부, 관련업체, 지역주민의 자발적 협력체계 구축
- 타이밍(Timing)-경쟁과 기회

**축제기간에 다른 페스티벌을 중복 개최한다.**

· Flim Festival
· Jazz & Blues Festival
· Art Festival
· Edinburgh Military Tattoo
· Book Festival 등

## 에딘버러의 프린지축제의 시사점

- 세계적인 예술 견본 시장으로서의 역할을 수행한다.
- 저비용 고효율의 축제로 자리 매김: 에딘버러의 상근 인원은 8명이고, 연간 예산도 16억원에 불과하다.
- 에딘버러 페스티벌 참가자 300만 명(관람객 100만 명)
- 1996년부터 8년간 에딘버러 17,000만(340억 원) 파운드, 스코틀랜드 18,400만(368억 원) 파운드 수익, 3,200여 개의 신규 직업 창출
- 지역의 다양한 기존 공간을 활용의 효율성 도모: 별도의 축제공간을 마련하려는 노력보다 지역공간을 리모델링하여 사용한다.

페스티벌 강의노트

# 100℃로 올리는 페스티벌 기술

독창성과 기획이 만나다

## 2_ 축제이벤트의 이해

FESTIVAL NOTE 100℃

## 축제의 용어 정의

| | |
|---|---|
| **축제**<br>이훈(2006) | 주제를 가지고 공공의 성격을 개최되는 여가와 관광목적의 문화, 예술 및 스포츠 이벤트를 포함한다. |
| **지역 축제**<br>이태희(2011) | 지역사회의 문화적 정체성에 근원을 둔 문화제, 페스티벌, 예술제, 제전, 경연대회 등 다양한 형태로 개최되는 지역의 모든 축제를 말한다. |
| **문화관광축제**<br>한국관광연구원(1998) | 특산물, 전통문화, 민속, 관광자원 등을 활용하여 외래 관광객을 유치함으로써 지역경제활성화에 기여하는 축제를 관광 상품화한 것이다. |
| **이벤트**<br>Getz, D.(1998) | 문화, 스포츠, 정치, 사업/교역, 사적 이벤트 등과 같이 메가 이벤트부터 지역축제, 소규모 모임까지 범위가 매우 폭넓고 다양하다. |

## 축제의 필요성

—
* 지역관광 활성화를 위한 축제 활용 신규 정책사업 발굴/한국관광공사 편(2013).

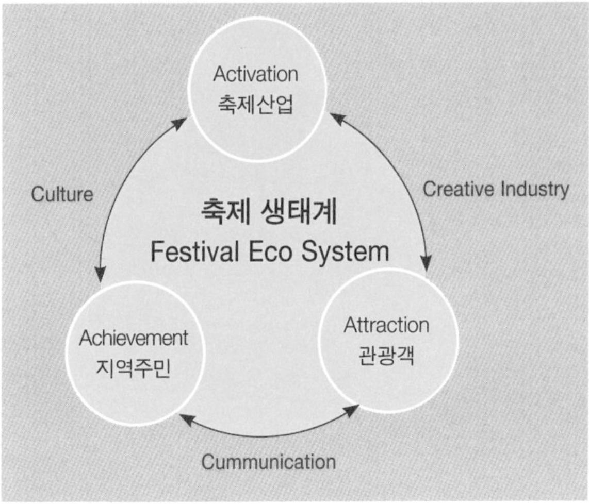


- 축제는 창조산업이고 문화를 형성하는 소통의 장이다.
- 축제 생태계는 지역주민, 관광객, 축제 산업의 3A 요소(Achievment, Attraction, Activation)가 상호작용을 통해 창조산업, 문화, 소통의 3C(Creative Industry, Culture, Communication)가 이루어지는 관계이다.

첫째, 축제를 통한 관광객과 축제 산업의 상호작용은 지역 일자리 창출 효과와 관광 매력도를 높이고, 지역문화의 콘텐츠 개발과 지역특산물 판매 촉진으로 이어져 창조산업으로서의 가치와 효과를 발생시킨다.
둘째, 축제산업과 지역주민의 상호작용은 삶의 활력을 높여주고 놀이문화를 활성화시켜 새로운 지역 문화를 형성한다.
셋째, 지역주민과 관광객의 교류와 소통은 여가활용과 문화향유의 기회를 증진시키고 공동체 의식을 형성한다.

## 축제산업의 일자리 창출

—

관광이 지역경제적으로 고용에 미치는 영향분석 연구: 지역축제 및 국제행사를 중심으로 데이터산출/고용노동부 편(2012).

고용노동부와 한국고용정보원이 분석한 지역축제의 고용영향효과 연구결과에 따르면, 축제이벤트 예산 및 지출에 따른 일자리 창출효과는 2011년 기준 3만 6,300명인 것으로 나타난다.

[연구방법]

조사대상인 2011년 개최된 지역축제 중 사업비 4억원 이상인 174개 행사를 표본추출, 거시계량경제모형과 지역 간 산업연관모형을 활용하여 정부와 지자체의 사업비 지출 및 축제 관람객의 평균 소비지출액의 직간접 고용효과를 산출한다.

[연구결과]

174개 축제 방문객 1,870만 6,000명의 총 지출액 5,281억 8,900만원을 근거로 산출된 지역축제의 고용효과는 2011년 기준 36,300명으로 나타났다.

—지역축제 개최에 의한 고용효과의 특징으로는 공공부문의 사업비 지출에 의한 고용효과에 비해 축제참가자의 자발적 소비지출에 의한 간접적 고용효과가 훨씬 큰 점을 들 수 있으며, 이는 여타 정부예산 지출사업에 비해 고용친화적 정책수단으로 볼 수 있는 근거라 할 수 있다.

—또한 축제는 4대강 사업 등 대형 국책사업에 비해 사업비 대비 탁월한 일자리 창출효과를 나타내는 '저비용 고효율' 사업 분야로 볼 수 있다.

| 구분 | 지역축제사업(2011년) | 국토해양부 4대강 사업 (2010년) |
|---|---|---|
| 총 고용자수 | 36,300명 | 59,017명 |
| 사업비 10억당 고용효과 | 283명 | 12.3명 |

* 지역축제의 경우 관람객 소비지출에 의한 간접고용효과를 포함하므로, 사회간접자본 건설 위주의 4대강 사업과 단순비교는 곤란.

—한편, 국내 축제의 2011년 기준 고용유발 효과는 2009년과 2010년에 비해 대폭 줄어든 수치로, 2008년 이후 중앙 정부가 추진한 축제 구조조정 정책과 내수 부진 등 외부적 환경에서 원인을 찾을 수 있다.

## 축제의 지향점

—

지역축제의 지원정책 방향과 전략 연구 외/한국관광공사 편(2010).

축제가 지속적으로 발전하기 위해서는 경제적, 환경적, 사회문화적, 품질, 운영주체의 독립적 지속성을 갖추어져야 한다.

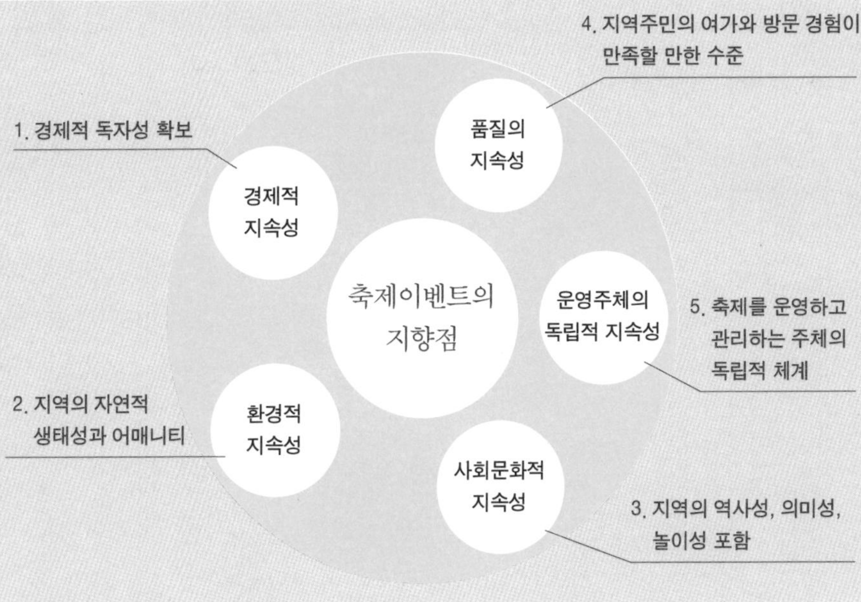


경제적 지속성: 지역주민과 지역상인에 의한 축제 재원 모금, 스폰서십을 통한 재원 확보, 기념품과 축제상품 판매로 축제 운영수익 마련 등이 필요하다.

환경적 지속성: 에너지 사용, 이산화탄소 발생 및 자연 생태에 미치는 영향 등을 측정하여 최소화해야 한다.

사회문화적 지속성: 지역주민의 동의와 협조를 통해 지역의 역사성, 의미성, 놀이성을 반영한 콘텐츠와 프로그램을 개발해야 한다.

품질의 지속성: 대동성, 놀이성, 장소성, 신성성, 일탈성을 체험할 수 있는 축제로 기획해야 한다.

운영주체의 독립적 지속성: 축제 재원에서 축제의 독자적 재원 확충 비율 확대를 통해 축제의 지속성과 독립성을 확보해야 한다.

## 한국 축제의 현황 (연도별)

문화체육관광부(2012)에 따르면, 한국 전체 축제수는 758개이며, 서울이 113개로 가장 많고, 울산이 11개로 가장 적다.

지역별 우리나라 지역축제 현황(2012)

단위: 개

| 계 | 서울 | 부산 | 대구 | 인천 | 광주 | 대전 | 울산 | 경기 | 강원 | 충북 | 충남 | 전북 | 전남 | 경북 | 경남 | 제주 |
|---|---|---|---|---|---|---|---|---|---|---|---|---|---|---|---|---|
| 758 | 113 | 39 | 29 | 31 | 14 | 14 | 11 | 73 | 78 | 51 | 63 | 48 | 38 | 43 | 85 | 28 |

* 출처 : 문화체육관광부(2012).

연도별 우리나라 지역축제 현황

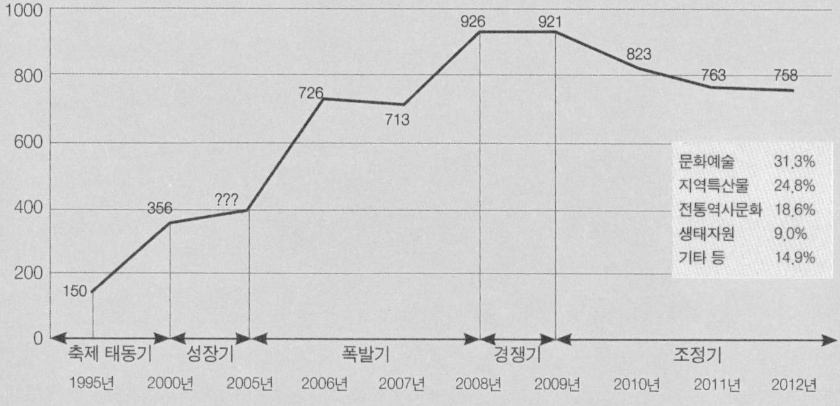


| | |
|---|---|
| 1억 미만 | 40.5% |
| 1~2억 미만 | 17.4% |
| 2~3억 미만 | 10.0% |
| 3~4억 미만 | 6.5% |
| 4~5억 미만 | 4.9% |
| 5억 이상 | 11.3% |
| 10억 이상 | 6.2% |
| 미조사 | 3.2% |

## 이벤트와 축제의 특성에 따른 접근

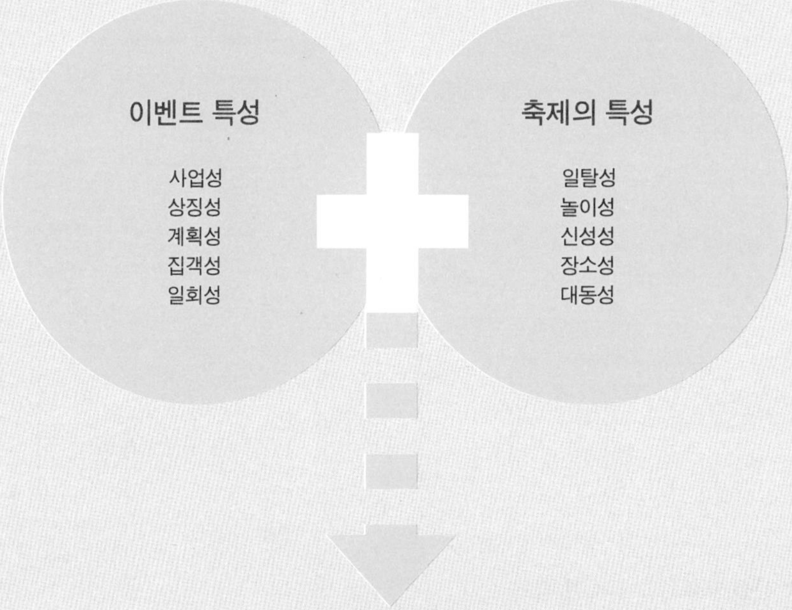


따라서 페스티벌은
이벤트의 한 형태로
주최자의 의도된 목적에 따라
각 특성을 접목하여
참가자에게 흥미와 의미를 부여하여
가치를 창출하는
종합문화현상이다.

## 관광이벤트 측면에서 Festival의 이론적 접근

- 관광이벤트의 4가지 특성을 통한 접근 모델

_정강환(2004), 관광이벤트.

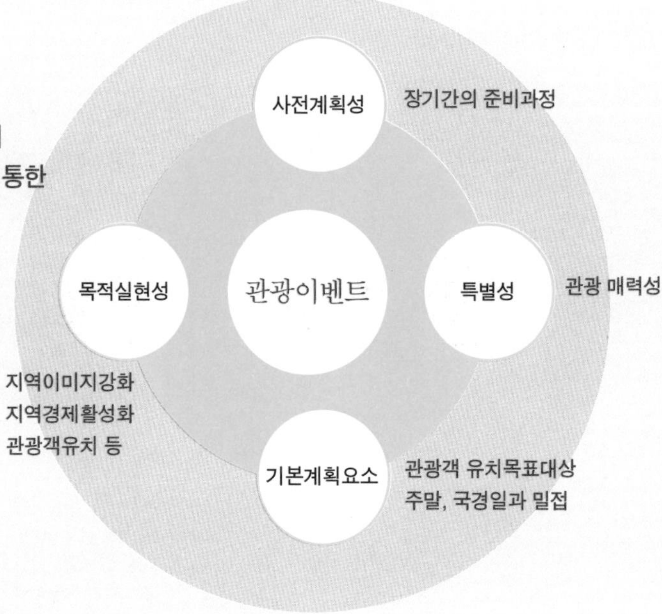


- 사전 계획성을 강조한 정의

스페셜 이벤트는 항상 계획에 따라 구성된 것으로 기대감을 유발시키며, 축하하려는 특정 동기와 함께 발생하는 것이다.

_ Goldblatt, J.(2002), Special Events, Twenty First Century Global Event Management?ohn Wiley & Sons.

주어진 시간 동안 특정 욕구를 충족시키기 위하여 사전에 계획된 일회성 행사이다.

_ Wilkinson, D. G.(1993), Event Management and Marketing Institute, Willowdale, Ontario: Sport Marketing Institute ?ilkinson group.

## ● '목적 실현' 중심의 정의

특정 목적(지역사회 경제, 사회문화적 발전과 부가 산업의 발전, 국제교류, 관광 등)을 수단으로 실시하는 행사 내지는 기획된 모임이다.

_ 日本イベント産業振興協會『이벤트 백서 '93』(1993, 通商產業調查會).

뚜렷한 목적을 가지고 일정한 기간 동안 특정한 장소에서 대상이 되는 사람들에게 각각 개별적이고, 직접적으로 자극을 체험하는 미디어이다.

_ 日本 イベント 産業振興協會 小坂善治郎(고사까 센지로), イベント白書〈'99〉イベントと環境保全.

## ● 특별성(Specialness) 강조형 정의

주최측 입장에는 일상적인 활동이나 프로그램에서 벗어난 1회성 또는 비주기적으로 개최하는 특별이벤트이며, 수요자들에게는 일상생활에서 벗어나는 특별한 사회문화적 또는 여가적 경험의 특별한 기회를 제공하는 것이다.

_ Donald Getz, Event Management and Event Tourism (second ed. 2005).

이벤트의 어원은 라틴어인 e(밖으로)와 venire(오다)라는 뜻을 가진 evenir(밖으로 나오다)의 파생어로서 발생 또는 우발적인 사건과 같이 일상적인 상황의 흐름 중에서 특별하게 발생하는 일을 말한다.

_ 문화예술진흥원, 1988.

● 기본계획(시간 · 장소 · 대상)강조형 정의

기간 · 장소 · 대상을 제한하고, 공동의 목적으로 이끄는 의도를 가진 일체의 행사를 말한다.

_ 일본인터크로스연구소, Event Report, 1989, 동경.

이벤트는 커뮤니케이션 미디어이면서 특정의 주체에 의해 기획 · 운영되며, 명확한 목적을 갖고 특정의 기간에 특정의 장소에서 참여한 대상에게 정보를 체험시키는 것이다.

_ 日本 イベント 産業振興協會『이벤트 백서 '99』(1999, 通商産業調査會).

● 따라서 4가지 특성을 고려하면, 관광이벤트는?

_ 김종덕(2011).

| | |
|---|---|
| 목적실현성 | 개최지의 이미지 강화 및 지역개발 등의<br>관광 관련 목적을 이루기 위해 |
| 사전계획성 | 보다 체계적인 사전계획을 가지고 |
| 기본계획 요소 | 지역주민보다는 관광객들을 주 대상으로 |
| 특별성 | 개최되는 관광매력성을 수반한 이벤트 |

## TIP 관광 이벤트의 정의와 주요구성요소 네트워크모델

### ● 국내 연구자별 이벤트의 학술적 정의

주어진 기간 동안 정해진 장소에 사람을 모이게 하여 사회 문화적 경험을 제공하는 행사 또는 의식으로서 긍정적 참여를 위해 비일상적으로 특별히 계획된 활동이다.(이경모)

특정한 일에 대해 주어진 기간 동안 목적된 장소에 대상이 되는 사람들에게 목표로 하는 일을 문화적 요소를 제공하여 부가가치를 통한 산업적 결과를 창출하는 것이다. (박정배)

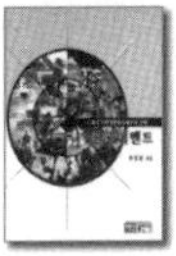

특정한 목적을 이루기 위해 사전에 계획된 프로그램을 가지고 특정한 장소와 시간에서 목표 대상이 되는 사람들에게 특별한 경험의 기회를 제공하기 위해 개최되는 의도된 사건이다. (정강환)

### ● 축제이벤트의 주요구성요소 네트워크 모델 _정강환(2004)

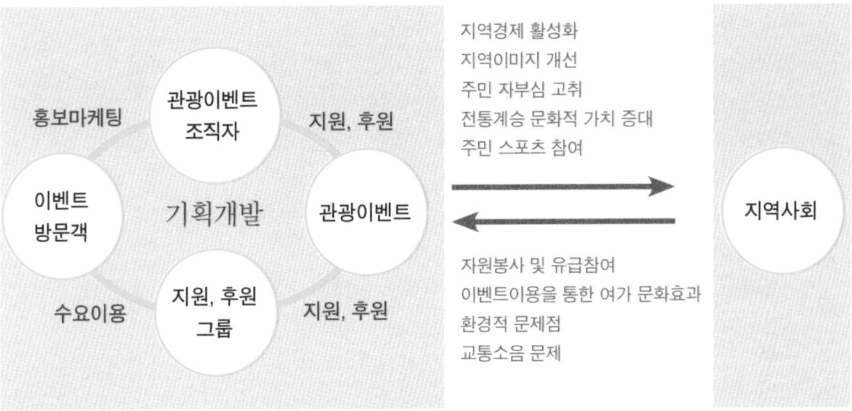

## ● 축제이벤트의 주요 요소와 관계

Yeoman et.(2004)는 축제이벤트가 도시디자인, 지역의 자부심과 정체성, 유적지 보전, 도시 재개발, 고용발생, 투자와 경제개발 등의 지역사회 전망에 매력적인 작용을 한다고 주장하고 있다.

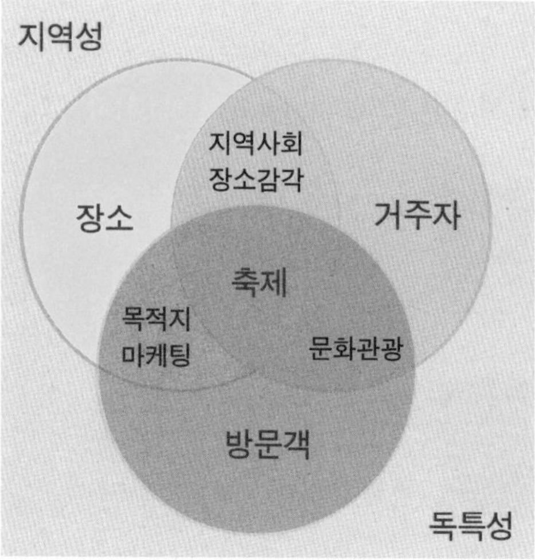


## ● 축제의 발생요건 10개 항목

_ 독일의 현대철학자 Helmut Kuhn.

1. 축제는 고유한 시간 형식을 가진다.
2. 축제는 고유한 공간, 곧 축제장소·공간을 요구한다.
3. 축제의 핵심은 기분에 있다.
4. 축제의 동기는 어떤 반복되는 사건이나 일회적인 사건이다.
5. 축제를 통해 무엇인가 의미 있는 사건이 일어나고 있는 사실은 이미 일상성을 뛰어 넘는 고양된 진행이 행해짐을 뜻한다.
6. 축제는 일상적 삶을 벗어남으로써 일방적인 삶의 압박으로부터 자유롭다.
7. 축제는 놀이와 원천이 상호 밀접하게 섞여있다.
8. 축제는 아무렇게나 생기는 것이 아니라 다소간 엄밀히 준수되는 규칙에 따라 계획되고 수행된다.
9. 축제는 그의 시간적 경과에 있어 삶을 뛰어넘으면서 다시 삶을 정렬하고, 동시에 삶 속으로 번져 들어간다.
10. 축제는 자기 자신을 초월한다. 축제 속에는 무엇인가 향연이 있고, 자기정립과 자기 헌신이 있다.

페스티벌 강의노트

# 2_

# 축제이벤트의 이해

사례검토_

## 브라질의 리우 카니발

Rio Carnival

_ 출처: 청운대학교 공연기획경영학과 학생지도 발표자료 재구성.

FESTIVAL NOTE 100℃

## 브라질 & 리우데자네이루

삼바, 이과수폭포, 아마존강, 커피, 축구로 유명하고 세계에서 다섯번째로 큰 국가이다.

- 수도: 브라질리아(Brasilia)
- 면적: 8,511,965㎢(한반도의 37배)
- 인구: 1억 7천만명
- 주요도시: 상파울루, 살바도르(Salvador), 리우데자네이루(Rio de Janeiro)
- 주요언어: 포르투갈어

- 남아메리카 남동부 대서양 연안.
- 1822~1960년 동안에 브라질의 수도.
- 리우데자네이루는 브라질 제2의 도시(2014년 월드컵개최도시).
- 1931년 브라질 독립 100주년 기념으로 코르도바산에 세운 예수 동상이 시가지를 굽어 보며 두 팔을 벌리고 있음.

## 삼바란?

삼바(Samba)는 백인들이 흑인들을 멸시하여 부를 때 사용하던 '삼보(Sambo)'에서 유래된 것으로 '흑인의 춤' 또는 '혼혈아의 춤'이라는 뜻이다.
앞뒤로 걷는 단순한 스텝, 상하 · 전후 · 좌우로 흔드는 몸동작이 특징이다.

● 삼바의 역사

16세기에 들어 포르투갈인들은 앙골라와 콩고에서 많은 노예들을 브라질로 데려 왔는데 그 노예들이 카타렛(catarete), 엠볼라다(Embolada), 바투크(Batyeque)와 같은 춤을 추었고, 이 춤들은 배꼽을 접촉하였기 때문에 유럽인들은 이를 죄악하였다.
포르투갈에서 건너온 카톨릭교의 축제와 아프리카 노예들의 전통타악기 연주와 춤이 합쳐진 것이다.
춤은 서서히 아프리카적인 요소가 적어지면서 브라질의 국민적 춤으로 발전해 갔는데 일년에 한 번, 리우데자네이루에서 행해지는 카니발에서 '바히아' 이 외의 지역에서 모여든 사람들의 춤에 의해 조금씩 비트와 뉘앙스가 변하면서 나중에는 카페나 볼룸(무도장)에서도 추게 되었고 결국에는 [브라질의 마음의 댄스]라 하여 도로, 거리 어디에서나 춤을 추게되었다.

## RIO CARNIVAL은?

지상 최대 축제로 불리는  리우 카니발

5만명의 공연배우
관광객만 6만5천 명
국내관람객 25만 명 = 36만 명

이 축제를 위해서 국민들은 1년간
돈을 버는 것이라 한다.

● RIO CARNIVAL 주요행사 1

## 삼바 퍼레이드

- 작년 카니발의 왕과 여왕이 시장으로부터 황금열쇠를 받음으로써 리우 카니발의 축제를 알림.
- 6만명 수용가능한 삼보드로모 전용극장에서 행해지는 카니발
- 각 팀으로 구성되어 그해에 맞는 컨셉으로 의상과 공연을 준비
- 삼바퀸을 앞세워 여러 무용수들과 함께 축제를 즐김

● RIO CARNIVAL 주요행사 2

## 삼바 쇼

소박하면서도 리드미컬한 삼바를 삼바 바투카다(samba batucada),
또 슬로템포의 삼바리듬을 지닌 가요를 삼바 캉시옹(samba can)이라 한다.

## RIO CARNIVAL 전략

브라질의 국민적 춤으로 발전, '브라질의 마음의 댄스'라 하여 도로, 거리 어디에서나 춤을 춘다. 이 춤을 뽐낼 수 있는 기회를 제공한다.
1984년 축제를 위래 설립된 삼보드로모(Sambodromo) 삼바축제 전용극장은 오직 삼바축제에만 사용하고 유료화함으로써 소득증대를 가져왔다.
리우카니발의 화려한 연출의 성공요인은 삼바스쿨 간의 경쟁 시스템이며, 우승자에겐 명예와 막강한 협찬 후원제공을 한다.
퍼레이드는 매해 다른 테마와 스토리를 가지고 있고 과거에 사용한 테마와는 중복되지 않으며 각 삼바스쿨 또한 이 테마와 스토리에 맞게 준비한다.

### ● RIO CARNIVAL 특징

효율적인 언론노출과 돈을 들인 홍보를 최소화한다.
국민들은 일년 내내 축제를 위해 일을 한다. 리우축제는 매년 한 번뿐이다. 특별한 홍보와 언론노출 없이도 국내 관광객 또한 많으며 이미 세계최대의 축제라 알려져 있음으로 돈을 들이지 않아도 그 광고성은 톡톡히 누릴 수 있다.

축제 이틀 간 도시는 퍼레이드 행렬을 따라 대중들에게 삼바 축제분위기를 표출한다.
사람들의 복장, 마인드 그리고 길거리의 공기마저 삼바분위기이다. 모두들 걷기보다 춤을 추고 있으며, 말보다는 소리를 지르며 열광하고 있다.

## 성공비결

① 홈페이지 등, 홍보전략과 전술이 세계적임.

- 실용적이고 체계적인 리우카니발 홈페이지
- 관광명소를 직접 찾아가지 않아도 전세계인 모두가 클릭 몇 번으로 축제티켓부터 숙박업소, 브라질의 명소까지 모두 홈페이지에서 한번에 해결 가능(http://www.rio-carnival.net)

② 삼바스쿨(Samba School) 간의 경쟁시스템

③ 삼바드로모(Sambodromo)전용 축제장 개설

④ 매년 축제의 테마변화: 퍼레이드에 스토리가 있음

⑤ 자국민의 적극적 참여와 관심: 별도 전문학교 개설

⑥ 문화적 보편성과 개방성으로 쉽게 참여 가능

- 세계3대축제: 독일 뮌헨 옥토퍼 페스티벌, 일본 삿포로 눈 축제, 브라질 리우 카니발

세계 대표적 3대 축제로 인지도가 매우 높으며, 브라질의 외국인 관광객 증가는 물론 축제장소 주위에 관광명소화가 되었다.

## 시사점

- 삼바학교 출신들이 삼바축제를 위해 트레이닝을 받고 또한 축제에 모든 것을 바친다.
- 한해 경제적 효과는 1조 원 정도로 이는 삼바를 사랑하는 국민들과 축제 조직구성원들의 관광객을 위한 서비스 시스템 구축으로 국내외 관광객을 성공적으로 유치하고 있다.
- 삼바축제가 오래되어 갈수록 브라질의 또 하나의 대표가 되면서 춤을 즐기는 대표 나라로 손꼽혀 관광객도 늘어나고 있다.
- 국민 자체가 삼바를 즐김으로써 삼바축제에 대한 산업효과는 어마어마하다.
- 브라질은 삼바의 춤과 축제를 적극 활용하고 있다. 리우데자네이루 도시는 길거리 전체가 삼바 춤을 자유롭게 추게 하는 분위기를 형성하고 있다.
- 삼바축제는 도시에서 진행되지만 삼바축제의 열정은 전 세계로 퍼져나가고 있다.

페스티벌 강의노트

100℃로 올리는

페스티벌 기술

독창성과 기획이 만나다

# 3_

# 축제개념과 본질의 이해

FESTIVAL NOTE 100℃

## 하나의 브랜드로서 축제가 갖는 다양한 의미

● 인간에게 축제가 갖는 의미

인간의 존재 = 축제를 하는 인간(Homo Festivus)

인간이 갖는 본능적인 사회적 행동욕구 표현 수단이다.

● 변화를 추구하는 인간의 모습

반복되는 일상생활로부터의 일탈을 경험하고자 함 = 욕구충족

축제이벤트가 일상생활과 다른 면모를 체험, 경험하게 해주고 사회적인 접촉과 자극을 제공해주는 이유가 된다.

● 절제와 규범으로부터의 탈출

축제경험의 동기 = 통제 받던 삶의 양식을 탈피하는 수단으로 활용

행사를 치른다는 개념보다 방문객의 동기와 욕구를 이해해야 한다.

## ● 축제의 유사용어 _ 서태양 외(2008).

| 종류 | 내용 |
|---|---|
| 축제<br>(Festival) | 대중적이고 주제가 있는 축하행사로<br>① 특별한 관례가 돋보이는 신성하거나 세속적인 축하<br>② 유명한 사람이나 사건 또는 중요한 생산물의 연례적 기념 또는 축하<br>③ 예술작품의 시리즈공연을 포함하는 문화적 행사<br>④ 많은 사람이 모여 즐기는 사교행사, 축연, 연회<br>⑤ 문화적 성격이 강한 박람회<br>⑥ feast, fest, festivities, fete, fiesta 등으로도 표현 |
| 지역축체<br>(Community Festival) | 통상 자원봉사자 및 비영리기관 등이 주축이 되어 지방자치단체 또는 지역사회가 주관하는 축제이벤트 |
| 카니발(Carnival) | 원래 사순절을 앞두고 고기(육류)와의 작별을 기념하는 종교적인 축연또는 축제와 이에 따른 환락에서 출발한 것으로 각종 탈 것과 즐길 것을 가지고 순회하는 여흥장(midway)이나 쇼도 포함되는 행사 |
| 축하의식<br>(Celebration) | 어떠한 관례를 주목하게 하거나 유명하게 만들기 위한 엄숙한 의식, 또는 중요한 문화적 사건이나 공통의 문화적 특성을 기념하는 즐거운 마음 및 분위기의 행사 |
| 축연(Feast) | 풍성하고 공들인 음식의 의미로 본래는 종교적인 축제에서 연회의 의미였으나 지금은 그런 의미보다 축제나 축연의 의미로 사용 |
| 가장행렬(Pageant) | 사람들이 적합한 의상을 입고 행렬을 만들거나 극적인 장면을 연출하면서 보여주는 화려한 행사 |
| 행진(Parade) | 어떤 물건이나 사람의 모습 등을 형상화하여 장관을 연출하거나 전시하면서 진행되는 대중행진으로 많은 축제의 핵심적인 부분으로 기여 |

## ● 축제 의미의 변화

**일상생활을 바탕으로 한 축제의 의미변화**

1. 고대의 축제
우주질서의 확립 및 현실적 욕구 회복

2. 중세의 축제
신의 개입으로 일시적 탈피의 목적

3. 근대의 축제
청교도와 휴머니즘을 바탕으로 세분화된 축제 참여자와 주체

4. 포스트모던 시대의 축제
일상생활과 축제가 서로의 영역을 탈피하며 상업적인 논리가 개입

5. 현대의 축제
개인 삶의 질 향상과 지역의 정체성 회복을 위한 축제

## 축제이벤트와 일상생활의 차이

_ 이태희(2003).

| 구분 | 축제(festival) | 일상생활(daily life) |
|---|---|---|
| 시간적 범위<br>(time frame) | 비지속성<br>단기적 자극 | 지속적<br>반복적 |
| 사회성<br>(social aspect) | 집결<br>결합<br>대규모 접촉<br>결속<br>유인 | 개별적 삶의 영위<br>분산<br>독립<br>고독 |
| 주제(theme) | 일탈<br>다양성의 표현<br>자유<br>흥미<br>선택의 즐거움<br>지역성의 강조 | 규범, 도덕<br>의무<br>생존<br>강요된 주제<br>주제의 실종 |
| 자극의 정도<br>(time frame) | 고자극<br>강한 에너지 발산 | 저자극<br>절제<br>회피 |
| 주체(social aspect) | 조직화된 사고<br>기획의 중요성<br>명확한 개최 목표 | 각 개인<br>임의적 판단<br>불확실성 |
| 대상(theme) | 공간 초월 다양함<br>불특정다수, 대규모<br>흥미집단의 형성 | 공간적 한계(직장, 가족)<br>소규모<br>무의미 및 계산적 만남 |

## 세계의 축제이벤트 기원

● 세계의 축제이벤트 의미

종교적 배경에 비롯된 것으로 이해되고 있는데, 개인이나 공동체에 특별한 의미가 있는 날이나 기간에 행하는 의식과 부수적 행위이다.

● 현대의 의미
종교적인 의미보다는 놀이 휴가와의 관계로 널리 알려진 축제들은 대부분 자신들의 전통문화에 그 기원과 뿌리를 둔 경우가 많다.

● 과거의 의미
사회와 공동체, 자신들의 종교를 유지하기 위해 사람들에게 정보를 전달하고 응집력을 부여하는 중요한 장치로 활용하였다.

## 국내의 축제이벤트 기원

● 국내의 축제이벤트 의미
축제의 발생시기를 추적한다는 것은 불가능하지만, 노래와 춤 등 예술이 망라되어 있는 것이 축제라면 민속예술의 시원이라고 볼 수 있는 제천의례라 할 수 있다.

● 현대의 의미
문명화를 거치면서 종교성이 약화되고 인간본위의 이성적, 합리적 사고에 따라 오락성이 가중되고 있다.

● 과거의 의미
제천의례에서 흐트러진 놀이판이자 신성한 종교의 장으로 이때에는 천신에게 제사와 음주가무의 놀이판을 벌이며 신과의 만남과 소망을 기원했다.

## 축제이벤트의 어원

**祝**

경사스러운 날
祝: 사람(人)이 말(口)로 신에게 빎(示)
인간이 소망하는 일이 이루어지기를 바람.

\+

**祭**

제사 드리는 날
祭: 제물(肉)을 손(手)으로 제상(示)에 올려놓고 지냄.
제사 및 의식이며 행사를 뜻함.

- 경사스러운 어느 특정한 날을 기념해 인간이 신에게 봉헌하는 의식이다.
- 예술적 요소가 포함된 제의로서 축과 제가 포괄 문화현상이다.

## 축제이벤트의 정의 _ 이경모(2013).

**사전적 의미**

축하하여 제사 지냄.
경축하여 벌이는 큰 잔치 또는 행사.

**범위적 의미**

협의 지역과 역사적 상관관계 속에서 생성되고 전승된 전통적인 문화유산을 축제화한 것

광의 전통축제뿐 아니라 문화제 · 예술제 · 국민 속의 예술경영대회를 비롯한 각 지역의 문화행사 전반.

**시대적 의미**

전통 지역주민들의 총체적 삶과 전통 문화적 요소가 잘 반영되어 있는 종합적 문화행사.

현대 공공주제적인 행사로서 공동주제와 관련된 이벤트의 연속이며, 문화적 활동의 다른 양상을 포함.

## 한국 Festival의 발달과정

**생성**

- 신을 위한 축제의 시기
- 자연과 인간의 미분화 상태: '하늘'과 '태양'등이 절대적인 믿음의 대상
- 우리나라 축제의 발생

| 국명 | 의식 | 시기 |
|---|---|---|
| 부여(夫餘) | 영고<br>(迎鼓, 마지굿) | 은정월<br>(殷正月, 음력11월) |
| 고구려(高句麗) | 동맹<br>(東盟, 새밝춤) | 음력10월 |
| 예(濊) | 무천<br>(舞天, 하늘춤) | 음력10월 |
| 삼한(三韓) | 기풍제(祈豊祭) | 음력5월 |
| 삼한(三韓) | 추수감사제<br>(秋收感謝祭) | 음력10월 |

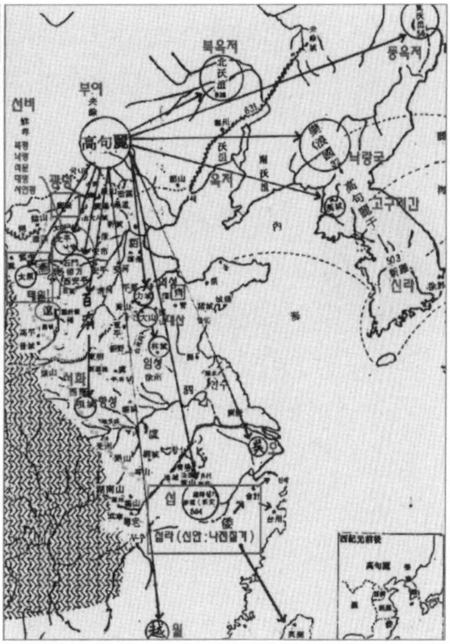

정착

· 인간들이 신을 이용한 시기: 인간의 계급형성, 국가성립, 국가결속력 강화
· 국가적 축제가 정착하는 시기: '하늘'과 '태양' 등이 절대적인 믿음의 대상
· 고려시대의 '별기은' 같은 무속적 제의가 성행하고 조선시대의 '동제'로 발전

성숙

· 축제의 질적 변화가 이루어진 시기
· 축제의 발전이 주춤함: 일제의 식민시대, 해방 이후 6·25동란기
· 1960년대 전후: 지역축제가 전국 각 지역에서 활성화
전국민속경연대회
지방문화사업조성법 공포
한국문화예술진흥원 설립
10월의 문화의 달, 10.21 문화의 날 지정

중흥

· 정부나 단체에서 축제를 더 적극적이고 인위적 방법으로 수용하는 시기
· 축제 중흥기: 1988년 서울올림픽 개최
1995년 지방자치제 실시
1998년 문화관광부 발족
· 학계의 다양한 논의와 연구 실시
· 지자체의 적극적인 노력전개: 축제활성화에 기여

현대

· Festival을 산업으로 인식
_ 2012콘텐츠산업통계조사/문화체육관광부(2012).

· 문화산업 중에서 축제산업의 소비자 지출규모가 애니메이션, 만화 등 콘텐츠 산업보다 크며 영화산업의 매출규모와 비슷함.
· 축제산업의 일자리 창출효과(2011년 기준): 예산 및 지출따른 일자리 창출효과는 3만6,300명
· 도시마케팅, 국가 및 지역의 경제활성화에 기여: 박람회(엑스포), 올림픽, 월드컵, 국제회의 등 적극유치로 관광객유치와 새로운 기반시설 구축으로 초일류 도시기반의 틀 마련에 활용

## Festival의 본질적 성격

● 고의적 과잉성을 가지고 있다.

참가자들이 각자 기묘한 복장과 행동을 보여줌으로써 잠시나마 인습적인 과거와 현재의 속박에서 벗어나게 되는 것.

● 축의적 긍정성을 가지고 있다.

인간생활의 고뇌와 번민, 절망 등을 모두 극복하고 자신이 원하는 모든 것이 성취되었고, 또 성취될 수 있다는 기대감을 축하함.

● 대국성을 가지고 있다.

축제는 과잉 요소가 있지만 하나의 뚜렷한 대조가 되어 있어 최소한의 기준·규칙 있음(사회적 제약은 해방되지만 기본질서를 위협하지 않음).

## Festival의 기능

**억압된 인간의 감정과 행동표현의 기회를 제공**
**인간 본연의 위치를 발견하게 하는 기능을 수행**
**사회적 비판적 기능**
**사회적, 종교적 목적의 활동수단**
**지역간, 국가간의 문화교류의 가교역할**
**취약한 경제력을 향상시키는 기능**
**지역의 선전, 홍보 및 지역민과 관광객간의 교류증진**

사회통합, 집단의 균형유지, 신화의 재현을 통한
삶의 궁극적 의미를 체득하게 해준다.
특수한 자연 및 사회문화적 환경과 관련되어 festival을
통한 만남과 자연적인 소속확인의 기능을 하고 있다.

페스티벌 강의노트

# 3_

# 축제개념과 본질의 이해

## 사례검토_

## 스페인의 산페르민 축제
San Fermin Festival

_출처: 청운대학교 공연기획경영학과 학생지도 발표자료 재구성

FESTIVAL NOTE 100℃

## 국가 개요

노란색: 국토

빨간색: 국토를 지킨 피

_ 헤라클레스의 기둥이 든 문장은 옛날 에스파냐에 있었던 5 왕국의 문장을 조합한 것이다.

### ● 에스타도 에스파뇰(Estado Espanol) / 스페인(Spain)

- 위치: 유럽 남서쪽 이베리아 반도에 위치한 나라
- 면적: 504,782㎢(대한민국의 약 10배)
- 수도: 마드리드(Madrid)
- 언어: 에스파냐 어
- 기후: 지중해성 기후
- 정체: 입헌군주제
- 종교: 가톨릭 94%
- 인구: 약 4049만 명(2008)

## 지역 개요

### ● 팜플로나(Pamplona)

- 에스파냐 꼬무니다드호랄데네바라 자치지방(autonomous community)의 수도
- 위치: 에스파냐 나바라 주
- 경위도: 서경 1°38′39″, 북위 42°49′06″
- 면적: 23.55㎢
- 홈페이지: http://www.pamplona.es/
- 인구: 194,894명(2007년 기준)
- 인구밀도: 8,276명/㎢(2007년 기준)

화학·제분·양조공업이 성하다.

또한 축구산업이 영국, 이탈리아와 더불어 왕성. (레알마드리드, FC바르셀로나 등)

_ 스페인 북부에 있는 중세풍의 도시로 과거 나바라 왕국의 수도
_ 봉건 국가의 수도였던 만큼 역사적인 건축물들이 있다.
_ 팜플로나에서 가장 유명한 것 = 산페르민 축제
_ 산페르민 축제를 빼고 나면 팜플로나는 볼 거리가 그리 많은 곳은 아니다. 때문에 축제 기간 이외에는 비교적 한적하다.
_ 16세기에 세운 고딕 양식의 대성당, 나바라 미술관, 나바라 왕국의 문장으로 장식된 테라스가 인상적인 시청 건물들이 둘러볼 만한 곳이다.

## 축제의 발전 과정

–

축제의 기원은 정확하게 알려지지 않지만 13-14세기경으로 추정된다.

산페르민 본래 팜플로나 출신의 주교로 3세기에 순교한 이 도시의 수호성인이다.

* 본래 성축일이 10월이었으나 좋지 않은 날씨로 인해 1591년 축제기간을 7월로 옮김.

17세기, 18세기 의 산페르민 축제 종교적 색채가 두드러졌다.

19세기 의 산페르민 축제 현재의 산페르민 축제의 형태를 가지게 되었다.

∴ 산페르민 축제 = 종교적 축제 + 상업적인 축제 + 소 축제의 성격이 결합된 축제

20세기에 이르러 축제는 세계적으로 널리 알려지게 되었다.
그 이유는 노벨상 수상 작가인 헤밍웨이의 역할이 매우 컸다.
1926년 헤밍웨이의 소설 "태양은 다시 떠오른다"에 이 축제의 진면목을 수록했다.

도시 곳곳에서 또 다른 명소를 만들어
헤밍웨이가 즐겨 가던 카페, 식당, 호텔 등은 관광객들이 즐겨 찾는 명소가 되었다.
팜플로나 시는 헤밍웨이의 거리, 공원들을 만들었다.

↓

**헤밍웨이의 파급력**

실질적으로 산페르민 공식 사이트의 미국인들의 접속률이
스페인 현지인들에 비해 3배 가량 높다.
∴ 미국인들의 관심도를 알 수 있고 헤밍웨이의 영향이 매우 컸다는 것을 알 수 있음.

## 축제의 준비

산페르민 축제 팜플로나 시의 공식 행사로 시청 산하 문화부에서 주관한다.

1. 준비 기간: 공식 포스터 공모전과 같은 행사를 주최. 약 500만 원 상당의 상금 수여.

**시민들의 참여를 더 불러일으킬 수 있는 수단**

2. 축제 종료 후: 사진 공모 등의 행사를 주관 ▶ 매년 열리는 행사로 축제가 끝난 뒤에도 다음으로 참여할 수 있는 프로그램을 만듦.

축제의 진행 축제의 공식 진행을 돕고 악단 등 축제 분위기를 활성화를 돕는 자원봉사자들을 모집

**모든 행사는 시청 산하 문화부에서 관리**

축제기간 풍경 축제기간 중 모든 숙박 시설은 몇 달 전부터 예약이 되어 방을 구하지 못한 사람들은 공원이나 광장에서 밤을 세움.

**인구 19만 명의 도시는 축제 기간 중 70만 명이 넘는 관광객으로 붐빔**

※팜플로나 = 유럽에서 축제 기간 중 거리에서 자는 것이 허용된 유일한 도시

도시 내의 제한된 숙박시설이 수용할 수 있는 인원보다도 훨씬 많은 관광객들이 이 축제에 참여하도록 하는 요인이 됨.

## 축제 프로그램

| | |
|---|---|
| 1<br>전야제(Vispera) | _ 산로렌조 교회에서 산페르민 추모 미사가 6일 저녁 8시에 드려짐.<br>_ 시의원들은 모자와 장갑까지 갖춘 정장 차림으로 이 종교적 행사에 참여. 시민들은 산타마리아 성당에서 음악미사에 참여하며 산타세실리아 오케스트라와 로욜라 음악원의 소프라노들이 출연 |
| 2<br>츄피나조(Chupinazo)<br>개회식 7월 6일 정오 | _ 축제의 시작을 알리는 폭죽이며 시 의원 중 한 명에 의해 시청 건물 발코니에서 7월 6일 정오를 알리는 12번의 종이 울릴 때마다 시청에서 터트리는 12개의 로켓이 축제의 시작을 알림.<br>_ 축제의 시작과 동시에 붉은 스카프를 목에 두르고, "산페르민 만세"를 외치며, 온 도시는 춤과 음악, 기쁨의 소리로 가득 참. |
| 3<br>리아우 리아우(Riau-Riau)<br>7월 6일 오후 4시 30분<br> | _ 팜플로나 시장과 의원들이 커다란 인형들과 음악대와 함께 진행하는 것. 이 행렬이 있을 때면 주민들은 시 당국자들에게 그들의 실정에 대한 비난을 퍼부었고 심지어 물세례마저도 주저하지 않았음. 그러나 오늘날에는 정치적인 성격보다는 거인 인형들의 행렬이 주 특징으로 자리 잡음.<br>_ 솜 뭉치로 된 방망이를 들고서 시민이고 관광객이고 할 것 없이 아무나 때림으로써 누구든지 구경꾼이 아닌 축제의 참가자가 되도록 부추김. |
| 4<br>거인 인형 행렬<br>7일 ~ 14일까지 |  <br>_ 거인 137년 동안 전통으로 내려오는 성인 산페르민 모형과 함께 전 세계 왕과 여왕의 거대 모형들, 그리고 머리가 큰 인형 분장을 한 사람들(일종의 캐릭터)이 출연.<br>_ 5대륙을 상징하는 머리 큰 거인, cabezudos, kilikis, zaldikos 등이 있다. 행사 기간 중 여러 사람들을 즐겁게 하다가 14일 2시 30분 버스 터미널에서 작별.<br>_ 솜 뭉치로 된 방망이를 들고서 시민이고 관광객이고 할 것 없이 아무나 때림으로써 누구든지 구경꾼이 아닌 축제의 참가자가 되도록 유도. |

5
## El Encierro(투우달리기)
소몰이 축제 혹은 거리 투우라 통칭되는 행사
경기장에서 정식으로 투우가 열리기 전 거리에서 소를 몰 듯 달리는 행사

### 산페르민 축제의 하이라이트!

축제 참가자들은 소들을 자극하며 좁은 골목길을 질주한다.
아침 8시가 되면 참가자들은 정해진 복장을 하고 울타리가 쳐진 거리 안으로 입장 !

첫 번째 총성: 소몰이 행사 시작!

두 번째 총성: 소떼는 거리로 내몰리게 되고 이때부터 이들은 약 900m 거리의 좁은 길을 달림.

세 번째 총성: 투우들이 이미 투우장에 들어갔다는 것을 알리고 그 날의 소몰이 행사는 마지막 총성과 함께 끝.

_ 1924년부터 1997년 사이에 이 축제 기간 중 죽은 사람은 14명이나 되며 200명 이상의 부상자가 발생. 사망자들 대부분은 소의 특성을 잘 모르는 외지인 관광객.
_ 팜플로나 시에서는 안전을 위하여 18세 미만의 참여를 금지하는 것을 포함한 안전수칙을 정하여 관광객들에게 철저하게 이를 지킬 것을 홍보하고 있다.

6
## 투우 경기
7일 ~ 14일 오후 5시 30분

_ 7일부터 14일까지 오후 5시 30분에 투우 경기가 있으며 경기 후에는 금관악기 밴드인 15명의 페냐스의 연주를 들음.
_ 산페르민 축제 기간 중에 실시되는 투우경기는 모든 입장권이 매진될 정도로 그 인기가 높음.

7
## 폐회식
14일 자정

_ 14일 자정에는 축제의 끝을 알리기 위해 사람들은 콘시스토리알 광장에 모여 축제의 마지막을 아쉬워하는 마음으로 손에 촛불을 들고 "Pobre de mi"(아이고 나 이제 불쌍해라!, 이제 무슨 낙으로 사나)라는 제목의 노래를 부름.
_ 축제 마지막 밤에 시민들은 촛불을 가지고 광장으로 모여 시장의 축제 폐막 선포와 함께 다음 산페르민 축제의 카운트 다운에 들어간다. 차분한 분위기로 행사가 이루어지기 때문에 어린이들도 모두 안전하게 참가가능. 이 폐회식을 마지막으로 9일 간의 산페르민 축제의 대장정은 막을 내림.

※ 이외의 행사가 있는데 약 520개의 가지 이벤트, 342개의 음악활동, 137개의 가족과 어린이를 위한 이벤트, 33개의 황소와 제도적 이벤트가 있으며 2011년 산페르민 축제에는 뮤지컬 공연, DJ공연도 추가 된다고 한다.

## 축제 기념품

- 산페르민 축제는 각종 기념품을 만들어 부가적으로 얻는 수익도 크다.
- 축제 상품으로는 공식적인 의상인 빨간 머플러와 흰 티가 있으며 여성, 남성, 아이침대보, 이불, 베개, 가방 등 수십여 가지의 상품이 다양하게 준비되어 있다.

## 축제 성공요인

### 1. 다양한 축제 내용

_ 관 주도하의 시의 공식행사이나 몇 가지 행사만이 공식 일정에 따라 이루어진다.

_ 음악, 무용 공연과 같은 대부분의 축제 행사는 거리에서 자유롭게 이루어진다.

### 2. 개방적 축제 분위기

_ 204시간 동안의 축제 기간 중에는 인종적 편견은 사라지고, 도시 주민, 외지인 할 것 없이 누구나 어느 곳에서 먹고 마시고 즐길 수 있다.

_ 축제 기간 중엔 노숙이 허용 되므로 시의 수용인원보다 훨씬 많은 관광객 유치가 가능하다.

_ 스페인 특유의 자유롭고 개방적인 분위기가 합리적 이성을 추구하는 관광객들에게 자유스러운 분위기는 큰 매력이다.

### 3. 국제적 홍보 효과

_ 소몰이 행사의 경우 상당한 위험이 따르는 행사로 팜플로나 시에서는 이중 보호벽을 설치하고 소몰이 하는 곳곳에 의료진을 대기시키는 등 안전을 위한 많은 배려를 하고 있다.

※ 그럼에도 불구하고 매년 생기는 사망자 사고는 국제적 뉴스거리가 되고 있으며 이러한 뉴스가 오히려 축제를 홍보하는 기능을 하기도 하여 스릴을 즐기려는 관관객들의 호기심을 더욱 자극하기도 한다.

## 축제 불안요인

축제를 반대하는 사람들이 있다. 바로 동물을 사랑하는 사람들. 투우 반대론자들!
이 대회의 마지막에 이뤄지는 투우가 문제이다. 투우에서는 결국 소가 죽게 되어 있기 때문이다.
이들이 관중들의 이목을 집중시키기 위해 선택한 것은 바로 누드시위이다. 누드만큼 효과가 있는 관중 몰이가 있을까?

※ 그럼에도 불구하고 매년 생기는 사망자 사고는 국제적 뉴스거리가 되고 있으며 이러한 뉴스가 오히려 축제를 홍보하는 기능을 하기도 하여 스릴을 즐기려는 관관객들의 호기심을 더욱 자극하기도 한다.

## 축제 평가

'산페르민 축제'는 축제기간 동안 붉은색 손수건과 흰색 티셔츠를 슬로건식으로 하여 이 기간 동안에 축제를 찾는 방문객들에게 매출을 얻어 지역경제의 발전을 모색하고 있고, 소몰이 축제행사 기간 동안 행사를 가까이서 관람할 수 있는 테라스 등을 대여함으로써 소득을 증가시키고 지역 인구보다 3배를 넘는 관람객들이 참가하기 때문에 지역경제 활성화에 많은 도움이 된다.
더불어 소몰이 축제라는 다소 과격한 프로그램이 안전성과 밀접한 관련이 있기 때문에 소몰이를 참가하는 관람객 이외에 다른 관람객들이 안전상 피해를 입지 않도록 바리케이트 정비 및 행사참여자의 제한 안전수칙을 명시 철저히 지키게 함으로써 행사의 안전성에 비중을 두고 자원봉사자들을 통해 축제기간 중 지역의 청결유지를 잘 하고 있다.

∴ 행사 참여와 프로그램 등이 자유성을 가지고 있고 지역 문화가 잘 녹아있기 때문에 축제가 발전할 수 있다는 평가를 내릴 수 있다.

페스티벌 강의노트

100℃로 올리는

페스티벌 기술

독창성과 기획이 만나다

# 4_

# Festival 방문객의 개념 이해

FESTIVAL NOTE 100℃

## 현대사회의 이해 _손선미(2012)

| | | | |
|---|---|---|---|
| 특성이해 | 탈산업 사회<br>· 서비스 시대<br>· 전문직의 시대<br>· 지식 사회<br>· 정보 사회 | 문명의 변화<br>· 농업 혁명<br>· 산업 혁명<br>· 정보 혁명<br>· 제3의 물결 | 대중 사회<br>· 소비자 시대<br>· 피지배자 시대<br>· 문화대중 시대<br>· 국민의 시대 |
| 문제제기 | 다원화<br>· 가치관 혼란<br>· 공동체적 연대감 상실<br>· 사회적 갈등증가 | 개방화<br>· 충동과 충돌<br>· 자포자기<br>· 지나친 경쟁유발 | 정보화<br>· 사생활 침해<br>· 불건전 정보유포<br>· 인터넷 중독<br>· 불법 해킹 |
| 해결방안 | 인간성 회복<br>· 활발한 의사소통<br>· 개성과 창의성 구현<br>· 개인과 인간관계 존중 | 공동체 의식 함양<br>· 지난친 욕구 추구와 무분별한 경쟁의 자세<br>· 공동체 의식의 함양으로 함께 하는 사회분위기 조성 | 주민참여 극대화<br>· 구성원 모두가 인간다운 삶을 누리는 사회 추구<br>· 인간관계와 참여에 대한 성취감 고취 |

## 방문객의 행동 변화

- 전통적인 관광매력물에서 특별한 관심분야를 추구한다.
- 대량관광에서 개인중심의 관광상품에 대한 관심이 높아졌다.
- 자연경관과 문화 등의 보전에 대한 관심이 증가되었다.
- 문화유산 보존과 노스탤지어에 대한 관심이 증가되었다.
- 짧은 기간의 방문형태를 보이고 있다.
- 다문화주의(multi-culturalism)에 대한 인식이 증가되었다.
- 예술형태의 다양성에 대한 관심이 높아졌다.
- 단순 방문에서 체험위주의 방문으로 전환되고 있다.
- 접근성 · 정통성 · 웅장함 등에 대한 욕구가 증가되었다.

## Festival 방문객의 특성

- 방문목적이 뚜렷하다.
- 목적에 부합하는 체험을 핵심상품으로 인식한다.
- 적극적으로 활동한다.
- 교육수준이 높고, 교육적 방문에 의미를 부여한다.
- 관광지출의 규모가 크다.
- 체류기간이 상당적으로 길다.
- Festival에 만족을 할 경우 재방문의사가 강하다.
- 특별한 체험과 감동을 추구하고 특정 관심분야에 소속감을 갖는다.
- 일상성을 벗어난 매우 다양한 유형의 유흥과 관광대상을 기대한다.

## 방문객의 Festival 참가동기

- 인간관계의 향상: 타인과 관계형성, 관계향상과 가족관계의 향상 등
- Festival의 매력, 흥분, 진기함, 다양한 문화의 이해
- 체험과 Festival의 독특한 내용적 특성에 요인의 관심
- 틀에 박힌 일상에서의 해방감 추구

## Festival의 형성배경

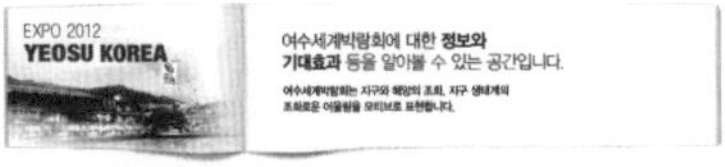


다분야간 협력시스템으로서, 특정지역에서 전세계에 걸친 모든 환경뿐만 아니라 수요체계(방문객)와 공급체계(주최자)를 포괄하고 있다.

2012여수엑스포는 이벤트의 유형 중, 박람회지만 운영형태는 Festival로 볼 수 있다.

_ www.expo2012.kr.

2012여수세계박람회 개최지

개최지 : 전라남도 여수신항 일대

개최기간 : 2012.5.12 ~ 2012.8.12

면적 : 271만㎡ ※ 전시면적 25만㎡ 외 지원시설(종사자 숙박시설, 환승주차장, 공원, 녹지 등) 포함

**입지여건**

(위치) 내륙과 해양의 거점지역으로 박람회 주제를 구현하는 데 유리한 지정학적 위치

(경관) 한려해상국립공원 오동도와 인접하여 자연경관이 수려하고 조망권 우수

(교통) 박람회장 입구에 여수엑스포역, 여수신항이 위치하고 여수공용버스터미널(2km), 여수공항(17km)이 근거리에 소재

공식명칭

- 국문 : 2012여수세계박람회
  국문 단문명칭은 개최연도, 장소를 나타낼 수 있도록 '2012여수엑스포', '2012여수박람회' 등을 약칭으로 사용함.
- 영문 : 'International Exposition Yeosu Korea 2012'
  영문 단문명칭은 기존 사례를 고려하여 박람회 홍보에 용이하게 활용될 수 있도록 기억하기 쉽고 간단명료하며, 개최연도 및 장소를 모두 나타낼 수 있는 'Expo 2012 Yeosu Korea'로 정함.

## TIP 세계박람회(EXPO)란?

BIE 소개

세계박람회(EXPO)는 올림픽, 월드컵과 함께 세계 3대 축제에 속하는 국제행사입니다.

설립배경

- 1851년 영국 런던에서 EXPO가 개최된 이후 박람회 개최를 희망하는 국가가 늘어나면서 주최국과 참가국가간 갈등 발생
- 프랑스를 중심으로 1912년 "Berlin Diplomatic Conference"에서 국제기구 설립에 관한 논의가 활발히 진행되었으나 제1차 세계대전으로 무산
- BIE는 1928년 프랑스 파리에서 국제협약(정)에 의하여 설립됨

_ BIE : Bureau International des Expositions (International Exhibition Bureau)

엠블럼 소개

- BIE

국제박람회기구의 공식 상징인 엠블럼은 1969년 11월 관리자위원회의 총회에서 결정되었습니다. 우정을 상징하는 원과, 원 안에는 인류의 미래를 향한 움직임을 뜻하는 연속적인 남색의 물결무늬가 수평으로 그려져 있으며, 1970년 오사카 국제박람회에서 최초로 사용되었습니다.

BIE 공인 박람회

세계박람회기구(BIE) 공인과 비공인이 비교

| 구분 | 공인 | 비공인 |
|---|---|---|
| 박람회 | 등록박람회 : 포괄적 주제/인정박람회 : 특정 분야 주제 | 주제 제한 없음 |
| 국가관 | 회원국 : 참여가능<br>비회원국 : 참여가능 | 회원국 : 국가관 명칭 사용불가<br>(도시, 주정부관 참여 가능) |
| 개최간격 | 등록박람회 : 5년/인정박람회 : 등록박람회 사이 | 제한없음 |
| 개최기간 | 등록 : 6주~6개월 | 제한없음 |
| 전시관 건설장비 | 등록박람회 : 참가국 자비부담<br>인정박람회 : 주최국 부담 | 제한 없으나 참가경비 보조가 상례 |
| 초청자 | 주최국 정부(정부대표 임명) | 주최도시, 주 또는 기관 |
| 초청형식 | 정부외교 공한 | 단체장 명의 서한 |

세계박람회기구(BIE) 공인 EXPO의 종류

| 구분 | 등록박람회 | 인정박람회 |
|---|---|---|
| 주제 | 광범위한 테마 또는 전문적 테마중 선택 가능 | 명확한 주제 |
| 기간 | 6주 ~ 6개월 | 3주 ~ 3개월 |
| 빈도 | 5년에 1회 | 등록박람회 사이 1회 |
| 면적 | 제한없음 | 25ha미만 (75천 평) |
| 사례 | 2005 일본 아이치, 2010 중국 상하이 | 2008 스페인 사라고사 |

## Festival의 형성체계

환경 · 공급체계 · 수요체계 · 미디어의 중요요소로 형성된 혼합체로 상호작용체계를 가지고 있다.

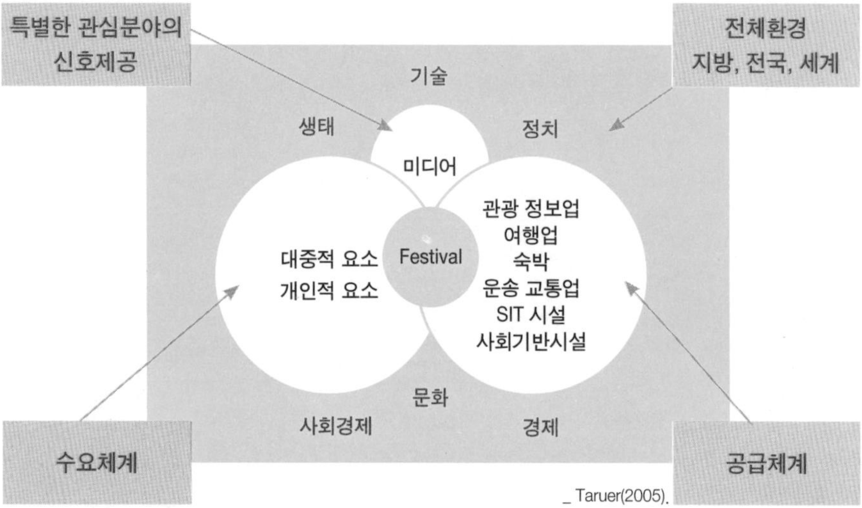


_ Taruer(2005).

## 공급측면의 형성배경 _ 이경모(2005)

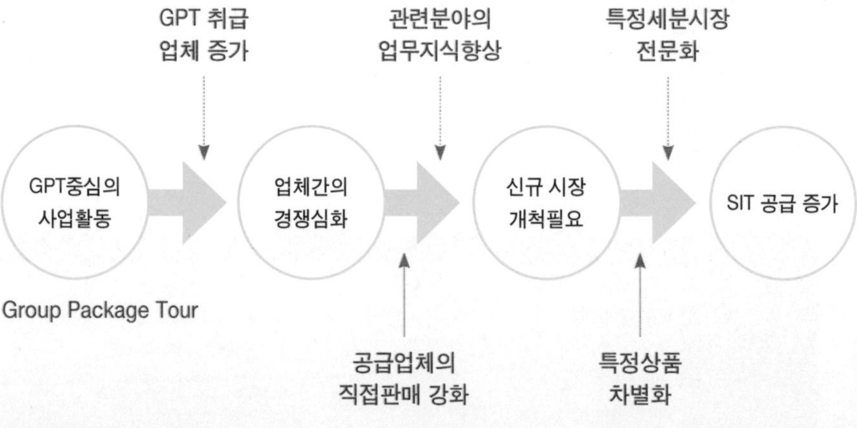

## 수요측면의 형성배경 _ 이경모(2005).

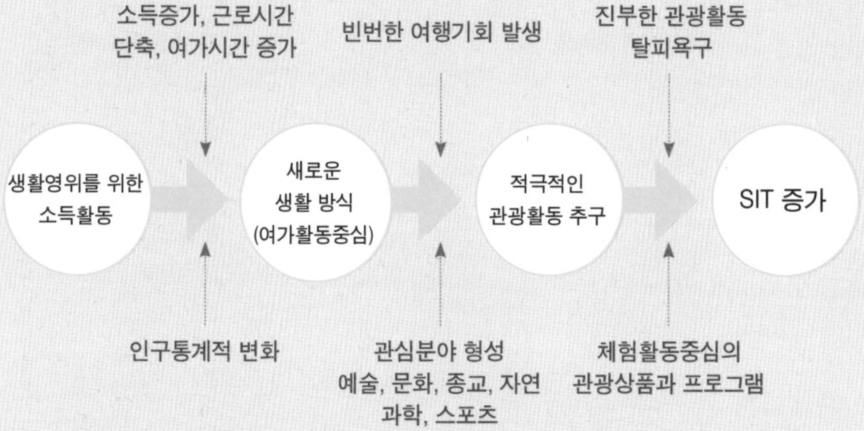


## 따라서, Festival의 방문객은?

Festival

지역개발에 미치는 영향으로 개최지역의 관광매력성에 공헌

방문객 · 참가자 유인

**주요구성요소**

1980년대부터 특수목적관광(SIT)로 지역사회 또는
관광지를 중심으로 그 중요성이 확대 및 확산

Festival은 특수목적관광(SIT)의 주요구성요소이자
관광지 마케팅전략의 중요요소로 위치를 하고 있다.

## SIT의 개념 _ 이경모(2005)

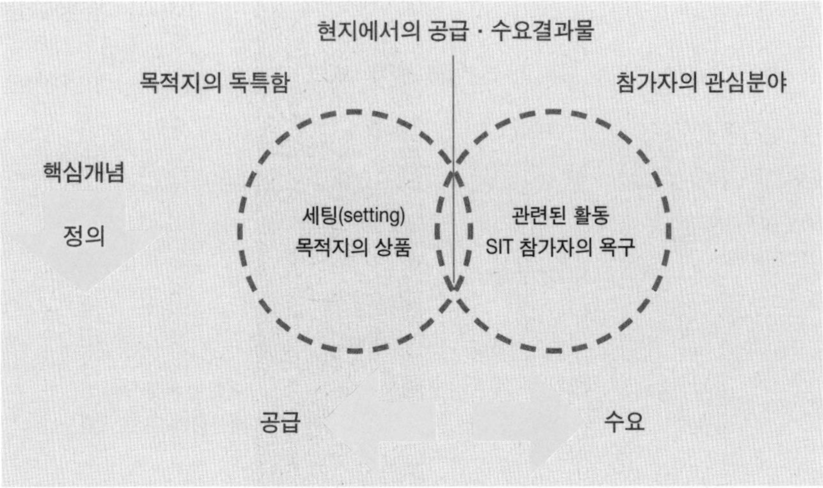


- 목적지 측면 목적지가 지닌 독특한 환경에 관심이 있는 참가자에게 제공되는 상품
- 참가자 측면 관광을 통해 얻을 수 있는 적극적이고 체험적인 자신의 특별한 관심분야 활동
- 상품조직운영자 측면 목적지가 지닌 독특한 환경에서 참가자의 특별한 관심분야의 활동을 적극적이고 체험적으로 행할 수 있는 관광

## 결국 SIT(Special Interest Tourism)의 정의는

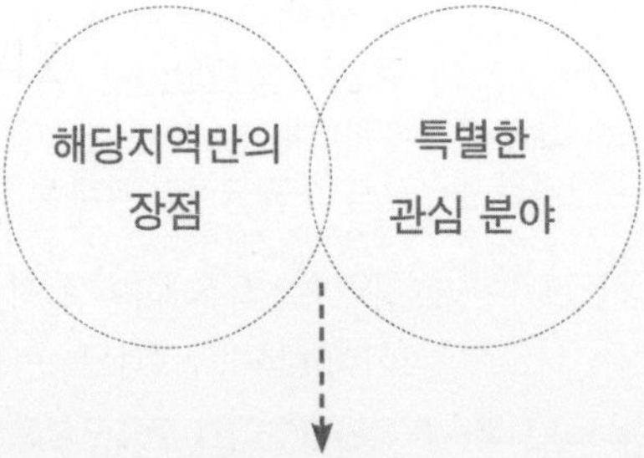


위 내용의 적절히 조합되도록 충분한 체험이 될 수 있도록 해야 하는 것.

## SIT측면에서 Festival 유형과 분류

| 대량관광(mass tourism)<br>전통적인 대규모의 관광 | | 관광의 대안적 형태<br>(alternative forms of tourism)<br>SIT | |
|---|---|---|---|
| 자연 환경 | 문화 | 브랜드 | 기타 |
| 생태축제<br>자연축제<br>야생축제 | 지역사회<br>식 음료<br>문화유산<br>민족,종족<br>종교 | 카니발<br>지역이슈<br>스포츠 | 모험<br>크루즈<br>교육<br>건강<br>전원 |

## SIT와 Festival의 범주와 개념중복 검토

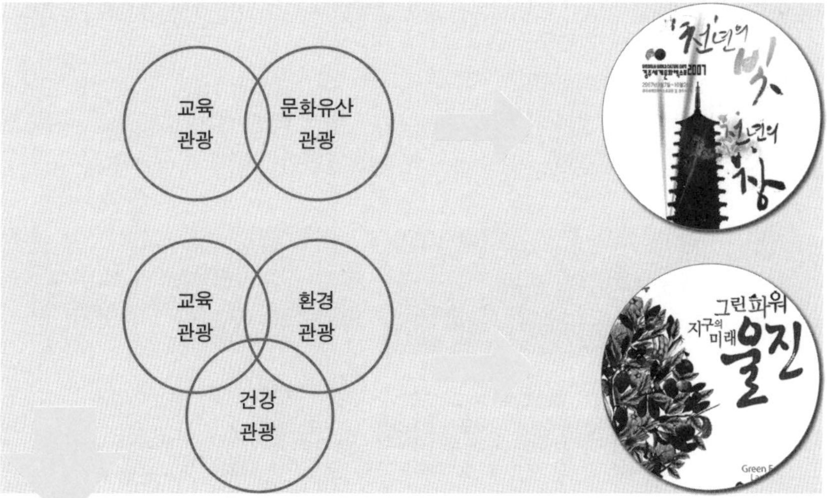


상호 배타적이지 않고, 자주 중복된다.
참가자만이 자신의 동기와 활동내용을 통해 어디에 속하느냐 하는 것을 구분할 수 있다.

## SIT활동과 Festival의 참가 관련 동기 예

_ weiler & Hall(1992).

| Festival · SIT 활동 | Festival · SIT 활동 | 관련 동기 |
|---|---|---|
| 도시지역 | 박물관 | 진기함, 다양함, 발견, 전통성, 독특함, 교육 |
| | 미술관 | 감성, 아름다움, 전문성, 독특함, 정통성, 교육 |
| | 문화유산 | 분위기, 주위환경, 인지된 정통성, 교육 |
| | 스포츠관광 | 참관, 건강증진, 사회교류 |
| 전원 · 농촌지역 | 지역관광 | 정통성, 감성, 일탈 |
| | 모험관광 | 위험추구, 자아발견, 자아실현, 자연 접촉, 사회교류 |
| | 건강관광 | 건강증진 |
| | 농촌관광 | 자연, 전원환경과의 접촉, 사회교류, 발견 |
| 자연환경지역 | 자연관광 | 자연과의 접촉, 발견, 지식, 교육, 과학적인 호기심 |
| | 모험관광 | 위험추구, 자아발견, 자아실현, 자연 접촉, 사회교류 |

## 참가자의 성향과 특성

_ poon(1993).

SIT와 Festival의 유형에 따라 세분시장의 성격이 다르고, 이를 구분하는 방법이 상이하게 적용된다.

### 새로운 참가자의 성향

| 풍부한 경험 | 가치관 변화 |
|---|---|
| · 여행경험 풍부<br>· 재미와 모험추구 | · 소유에서 본질로<br>· 일상탈출서 성취욕으로 |
| **더욱 독립적** | **라이프스타일 변화** |
| · 여가 중에도 업무처리<br>· 위험 감수 | · 여가시간의 증가<br>· 빈번해진 단기휴가 |
| **더욱 유동적** | **인구통계 변화** |
| · 자발적<br>· 변화된 예약행동 | · 노령화<br>· 세대의 소형화 |

### 참가자의 특성

매우 다양한 사회, 인구통계적 성향.

성인 위주로 어린이와 함께 여행하지 않음.

서구, 선진국에 높은 비율로 수요분포.

사전에 충분한 정보를 필요로 한다.

## Mass Tourism SIT Festival 특성비교

| 구분 | Mass Tourism | | SIT와 Festival | |
|---|---|---|---|---|
| 핵심요소 |  | 교통+숙박 | 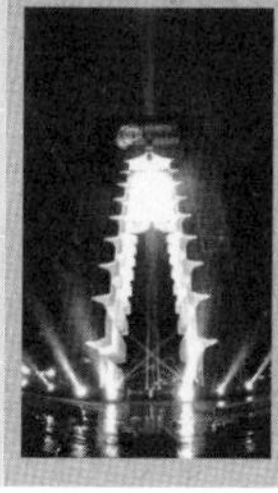 | 목적지에서의 사회, 문화적 경험 |
| 참여형태 | | 수동적 | | 적극적 |
| 활동목적 | | 단순히 목적지에 가는 것 | | 목적지를 배우고 체험하는 것 |
| 활동형태 | | 휴식과 일상생활로 부터 탈출 | | 진지한 활동 |

## 관광의 단계별 결정과정 _ Trauer(2005), 이경모 재구성(2005).

GIT

일반목적관광(General Interest Tourism)

어디로 갈 것인가?

MIT

혼합목적관광(Mixed Interest Tourism)

어디로 갈 것인가, 그리고 그곳에서 무엇을 할 것인가?

SIT

특수목적관광(Special Interest Tourism)

내가 하고 싶은 것은 무엇일까, 어디에서 그것을 할 수 있을까?

## GIT · MIT · SIT의 순환개념

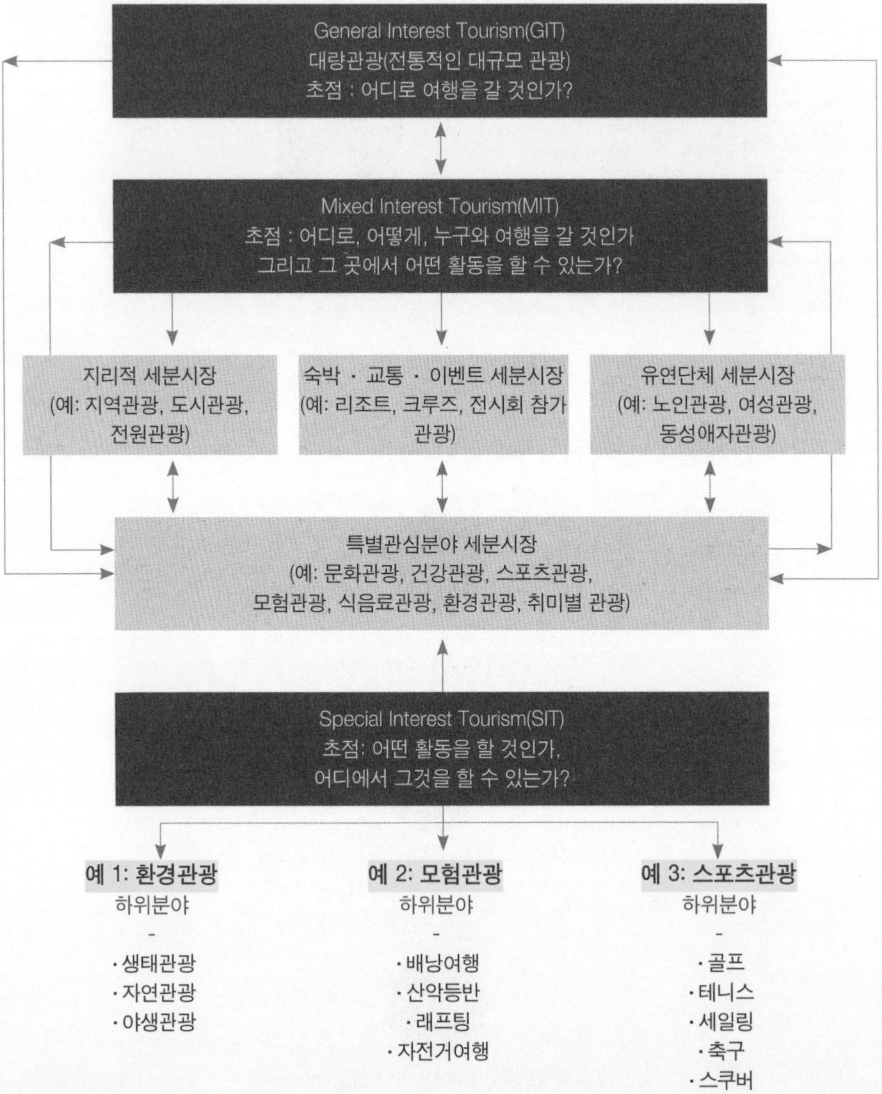


자료: Trauer, 2005.

페스티벌 강의노트

# 4_

# Festival 방문객의 개념 이해

## 사례검토_

## 방문객 유치를 위한 기획 설계의 예

_출처: 제천시·(재)제천한방바이오진흥재단의 박람회 자료.

FESTIVAL NOTE 100℃

# 미래한방의 글로벌 브랜드를 만들기 위한 엑스포 성공전략

## ● 성공적 엑스포 개최방향선정을 위한 현황분석

| | |
|---|---|
| 개최배경 | · WHO 및 국제사회의 관심고조 및 국제경쟁력 확보<br>· 한방의 과학화로 한방산업의 육성계기마련 |
| 개최목적 | · 한방과 세계전통의학에 대한 국민들의 인식제고<br>· 한방바이오산업 투자유치 및 지역주민의 자긍심 고취 |
| 개최지 분석 | · 한방클러스터(제1,2바이오밸리 / 세명대 한방병원 등) 구성<br>· 약재유통의 80% 점유 및 역사적 전통성, 천혜의 자연환경 보유 |
| 개최지의 차별성 | · 한방특화(or 산업)도시 이미지 속성은 차별화 無<br>· 엑스포를 통해 한방특화도시로 이미지 선점 필요 |
| 전문가 의견 | · 한방은 과학적이고 미래지향적 방향성 필요<br>· 도시브랜드 및 산업적, 문화적으로 차별화된 엑스포 개최 필요 |
| 소비자 연상 이미지 | · 엑스포의 이미지는 새로운·다양한 볼거리를 연상<br>· 한방바이오엑스포의 이미지는 한약재, 건강 및 한방정보 연상 |

## ● 성공적 엑스포 개최를 위한 방향선정 및 성격규정

"우리나라의 전통 한방산업으로 全인류를 이롭게 하는 로하스 엑스포
(Lifestyle Of Health And Sustainability Expo)"

| **로하스(LOHAS)**의 키워드(Keyword) | | **제천국제한방바이오엑스포**의 지향점 |
|---|---|---|
| 낡은 것과 새로운 것의 조화 | → | 생명과학엑스포 |
| 지속가능한 경제 | → | 산업경제엑스포 |
| 나의 환경(사회, 문화)은 일체 | → | 문화관광엑스포 |
| 자연환경에 대한 배려 | → | 그린엑스포 |
| 건강한 생활 | → | 약초엑스포 |
| 오감(五感)을 닦는다 | → | 건강엑스포 |

● 개최방향성에 따른 차별화 전략

**1 『제천 = 한방산업특화도시, 건강도시』 이미지로 도시마케팅차원 및 한방산업차원의 엑스포 구현**

- 한방산업특화도시의 이미지 및 건강도시의 이미지 지속성 확보
- 한방산업클러스터의 강점 부각을 통해 한방바이오산업의 투자유도
- 한, 중, 일 네트워크를 통한 국제적 입지 강화로 경쟁력 구축

**2 웰빙, 로하스(LOHAS) 개념을 적용한 친환경적인 엑스포 구성**

- 자연의 순환 및 웰빙, 로하스개념을 적용한 회장조성 및 전시구성
  - 재생용지, 콩기름 잉크 사용, 천연셔틀버스 운영
  - 자연친화적인 소재 및 구조활용

**3 국내, 외 기업 및 전문가에 실질적인 혜택과 해외참가자 극대화를 위한 엑스포 구성**

- 한방산업과 기업 활동의 비즈니스 포럼을 세션별로 세밀하게 구성
- 벤처 및 중소기업을 위한 기간조정 전시부스 운영(5일관, 10일관 등)
- 장기전시참여로 기업이 운영인력 배치 부담해소를 위한 전시부스 운영인력지원

**4 Young Target의 한방관련 호(好)이미지제고를 위한 대상별 체험프로그램 강화**

- 미래 잠재고객인 젊은 층의 관심을 받을 수 있는 콘텐츠 강화
  - 미용한방, 여성한방, 어린이한방 체험 프로그램

**5 지역민이 주인이 되어 참여하는 엑스포 구성 및 실현**

- 지역민의 숙박, 음식, 관광 등 연계시설 운영참여유도
- 지역민에게는 실질적인 할인혜택 제공
- 시민참여프로그램 구성
  - 퍼레이드, PR서포터즈 등

**6 사후활용의 중요성을 인식하여 유·무형의 자산을 남기는 엑스포 구현**

- 엑스포 행사 종료 후, 회장시설물에 대한 철거일정 연장을 통한 충북 및 제천지역 타 행사 유치
- 엑스포 개최부지에 유관사업기관 및 국제기구 유치 등

## ● 제천국제한방바이오엑스포의 컨셉과 주제도출

| | |
|---|---|
| · 컨셉(Concept) | 순환(循環)과 소통(疏通) |
| · 주제 및 슬로건 | 자연의 원리로 그린 생명의 지도<br>한방의 재발견-전통의 눈, 과학의 눈, 세계의 눈 |

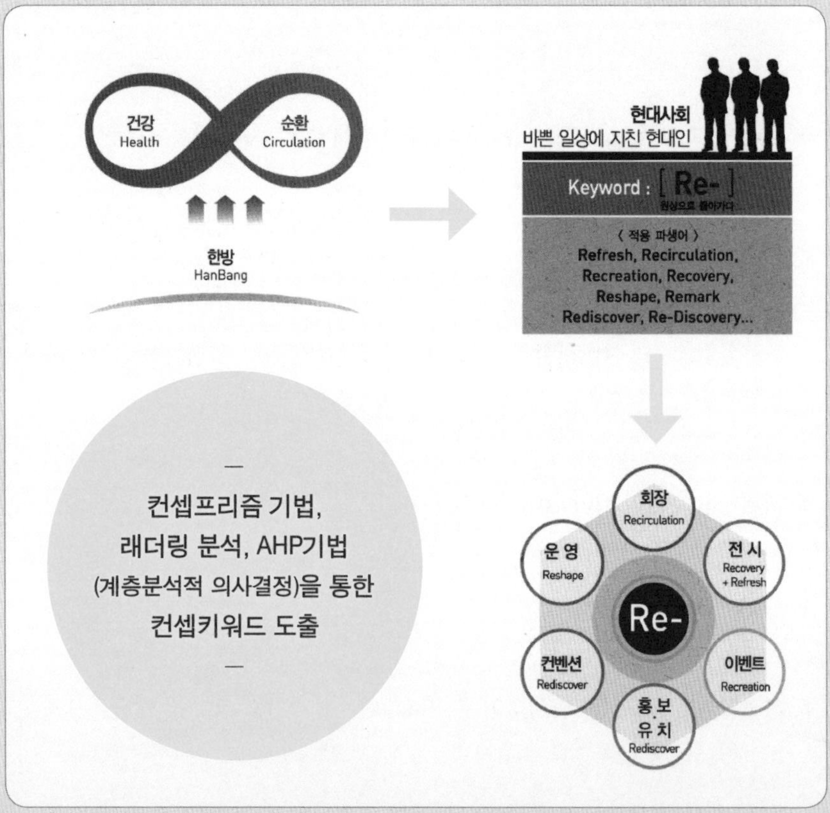

## ● 제천국제한방바이오엑스포의 스토리텔링

『건강한 미래를 꿈꾸는 약신 초초(草草)의 부활』

1. 하늘나라 약신들의 유희

2. 하늘의 뿌리 차지를 위한 다툼

3. 약신들 하늘의 뿌리 봉인

4. 하늘의 뿌리 전설을 알려주는 농부

5. 하늘의 뿌리를 찾아나선 아들

6. 하늘의 뿌리를 찾은 아들

7. 전생에 약신이었음을 깨달음

8. 약신들이 약초로 환생하는 모습

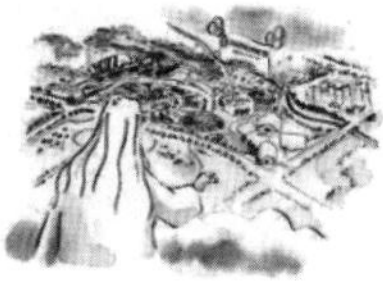

9. 회장을 바라는 보는 약신의 모습

## ● 제천국제한방바이오엑스포의 E.I.(Expo Identity)

한방은 우주의 중심이며, 우리의 몸과 마음을 순환한다는 의미의 원과 제천, 청풍명월의 자연환경과 전통의 눈, 과학의 눈, 세계의 눈을 상징하며 그의 위에는 새로운 가치로 재탄생된 한방의 으뜸, 약초를 표현했다.

2010 World Hanbang-Bio Expo in Jecheon
2010제천국제한방바이오엑스포

제천한방공동브랜드 '자연in'과
브랜드슬로건 '나이스 제천'에서
디자인적 모티브 및 아이덴티티 구성을 착안하여
2010제천국제한방바이오엑스포 E.I.를 제작하여 제안

● 제천국제한방바이오엑스포의 타깃 및 수요예측

엑스포의 방문의향 조사결과 61.2%로 높게 나타나며 지역적으로 제천, 충북, 원주일대 및 수도권이 우선대상, 연령별로 4050세대가 중심대상이며 특히 2030세대의 대상확대가 미래적 관점에서 중요하다.

『약 950,000명』

(보수적 670,000명 ~ 낙관적 1,240,000명)

〈예측결과〉

· 일반성인 86만 명, 유 · 청소년 7만2천 명, 외국인의 경우 2만8천 명 예측

· 방문의사와 실제방문가능성을 통한 방문확률 산출

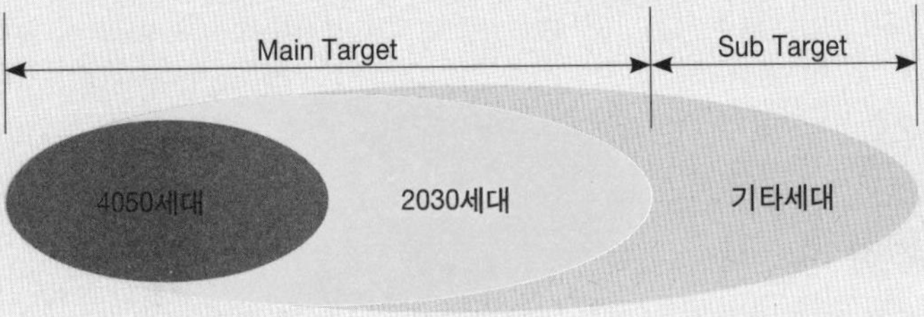


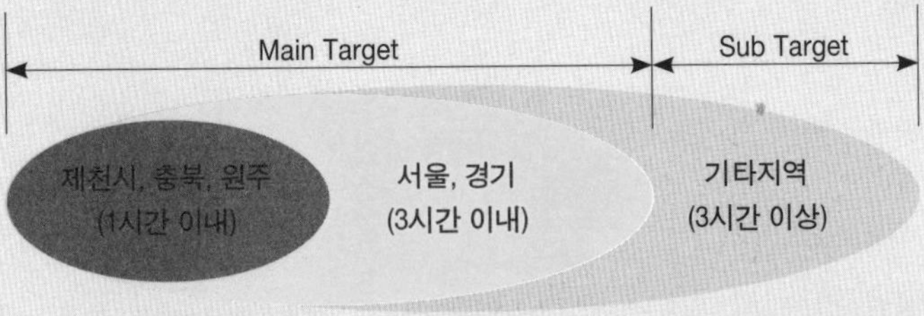

페스티벌 강의노트

# 100℃로 올리는 페스티벌 기술

독창성과 기획이 만나다

# 5_ 문화관광축제의 이해

FESTIVAL NOTE 100℃

## 우리나라 축제의 개최 및 특징

_ 지역이미지 구축사업과 연계
_ 지역축제를 통한 지역경제 활성화 목적
_ 다양한 주제의 축제개발
_ 박람회형식의 대규모 기획
_ 예술 페스티벌의 성장

## 우리나라 축제의 이슈와 문제점

_ 독창성 부재
_ 전문축제의 기획
_ 관리운영상의 전략부재
_ 운영인력의 부족
_ 지역주민 참여저조 등의 공통적 문제점
_ 지역축제간의 차별성 부재로 낭비성 행사로 보도
_ 1000여개의 축제가 전국 각지에서 개최되나 5월과 10월에 집중
_ 축제의 상품화가 급속하게 증가(경쟁적 상품화 현상)

## 지역축제와 문화관광축제

지역축제는 우리가 일반적으로 축제라고 하는 모든 축제를 말한다.
문화관광축제는 이러한 지역축제 중에서 특산물, 전통문화, 민속, 관광자원 등을 활용하여 외래관광객을 유치하여 지역경제 활성화에 도움이 될 수 있는 축제를 상품화한 것을 말한다.

2013년 전국 시 · 도별 축제총괄표

| 합계 | 서울 | 부산 | 대구 | 인천 | 광주 | 대전 | 울산 | 세종 | 경기 | 강원 | 충북 | 충남 | 전북 | 전남 | 경북 | 경남 | 제주 |
|---|---|---|---|---|---|---|---|---|---|---|---|---|---|---|---|---|---|
| 752 | 108 | 41 | 35 | 29 | 8 | 18 | 11 | 4 | 74 | 76 | 53 | 64 | 54 | 38 | 41 | 70 | 28 |

※ 본 자료는 2013. 1. 31 현재 17개 시도에서 제출한 지역축제 자료를 종합한 것임.
※ 작성대상 · 국가에서 지원하는 축제
· 지자체 주관(주최)하는 축제
· 지자체에서 경비 지원 또는 후원하는 축제
· 민간에서 추진위를 구성하여 개최하는 축제
· 문화체육관광부 지정 문화관광축제도 포함

## 문화관광축제 도입배경

지역축제 중에서 상품성이 큰 축제를 정부에서 지정·지원하여 세계적인 축제로 육성하기 위한 목적으로 도입했다.

1995년 이후, 1997년 10개, 1999년 21개, 2001년 30개, 2005년 27개, 2012년 45개 축제 … 2013년 32개의 축제가 문화관광축제로 지정되었다.

## TIP 문화관광축제 선정(2014, 2013년도)

| 구분 | 대표 축제 | 최우수 축제 | 우수 축제 | 유망 축제 |
|---|---|---|---|---|
| 2014연도 | 화천산천어축제(1월)<br>김제지평선축제(10월)<br>02개 | 광주7080충장축제<br>강진청자축제<br>강경젓갈축제<br>무주반딧불축제<br>문경찻사발축제<br>이천쌀문화축제<br>자라섬재즈페스티벌<br>진도신비바닷길축제<br>08개 | 대구약령시한방축제<br>담양대나무축제<br>산청한방약초축제<br>순창장류축제<br>창원가고파국화축제<br>춘천국제마임축제<br>통영한산대첩축제<br>평창효석문화제<br>포항불빛축제<br>한산모시축제<br>10개 | 광안리어방축제<br>거창국제연극제<br>고령대가야체험축제<br>괴산고추축제<br>목포해양문화축제<br>동래읍성역사축제<br>보성다향제녹차대축제<br>부여서동연꽃축제<br>봉화은어축제<br>수원화성문화제<br>여주오곡나루축제<br>울산고래축제<br>인천펜타포트축제<br>정남진장흥물축제<br>정선아리랑제<br>제주들불축제<br>충주세계무술축제<br>파주북소리축제, 한성백제문화제<br>파주북소리축제<br>한성백제문화제<br>해미읍성역사체험축제<br>20개 |
| 2013연도 | 김제지평선축제(10월)<br>진주남강유등축제(10월) | 화천산천어축제<br>문경찻사발축제<br>무주반딧불축제<br>강진청자축제<br>강역젓갈축제<br>양양송이축제<br>이천쌀문화축제<br>천안흥타령춤축제 | 고령대가야체험축제<br>진도신비바닷길축제<br>대구약령시한방축제<br>담양대나무축제<br>춘천마임축제<br>자라섬재즈페스티벌<br>광주7080충장축제<br>수원화성문화제<br>산청한방약초축제<br>영주풍기인삼축제 | |

_ 문화체육관광부 보도자료(2014).

## TIP 문화관광축제 선정의 경우 혜택

문화관광축제로 선정된 축제에 대하여는 등급별로 관광진흥기금(60억)이 지원되며, 한국관광공사를 통해 해외홍보와 축제마케팅 등이 지원된다.

대표축제 각 5억원 / 최우수축제 각 2.5억원
우수축제 각 1.3억원 / 유망축제 각 0.89억원

특히 대표축제에만 부여한 명예축제를 2014년부터는 일몰된 최우수축제까지 확대하여 명예성을 부여하여 기타 일몰축제 등과 함께 한국관광공사를 통해 해외 홍보와 축제마케팅 등을 직접지원할 계획이다.

## TIP 문화관광축제 신청절차

| | |
|---|---|
| 축제(위원회) | 당해 연도 개최실적 포함한 신청서 작성 |
| ↓ | |
| 기초자치단체(市 · 郡) | 예산 등 검토 후, 광역시자치단체에 제출 |
| ↓ | |
| 광역자치단체(市 · 道) | 전체 신청 축제에 대해 자체 평가를 실시 후 문화체육관광부에 제출 |
| ↓ | |
| 문화체육관광부 | 선정위원 위촉 및 심사<br>대표축제 및 예비축제 발표 |

## TIP 문화관광축제 심의제외 대상

1. 문화관광축제의 범주를 벗어난 박람회(EXPO)나 전시회 등의 국제행사
2. 이미 정착되어 국가의 지원 없이도 자립 개최가 가능한 축제
3. 광역자치단체의 지원이 극히 미진한 축제
4. 업무협조가 원만하지 않고, 축제 추진에 소원한 자치단계의 축제

## 문화관광축제 운용에 따른 성과

- 지역 특산품 판매를 위주로 하는 산업형 축제가 많이 개발되었다.
- 지역연계코스 개발을 통해 축제의 고부가가치화가 추구되었다.
- 지역이미지를 제고시키는 지역관광마케팅 전략을 활용하게 되었다.
- 지난 10년간(1996-2006) 축제 방문객 수는 3,129천명에서 32,741명으로 증가하였고, 경제효과도 148억원에서 1조171억원으로 대폭 증가한 것으로 나타났다(문화관광 축제의 변화와 성과 백서 2007.3).

## 문화관광축제 기획 및 운영평가 결과

### ● 축제운영에 경영마인드를 도입

- 열악한 축제 재정 보완과 경제성 향상(유료프로그램 개발)
- 축제 캐릭터 상품 개발
- 연계관광상품개발로 지역관광소득 향상

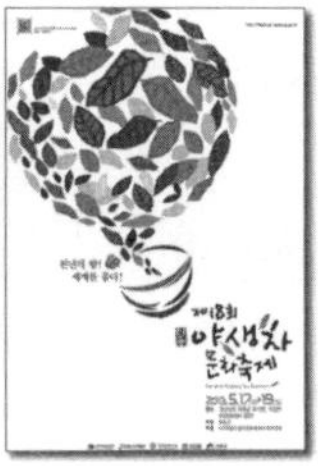

### ● 축제의 근원적 기능을 고려할 필요가 있다

경제적 편익을 지나치게 강조하는 산업형축제의 발달로 축제의 본원적 기능을 상실하는 경향이 있다. 따라서, 인간성을 회복하는 계기로 활용하고 축제의 쌍방향 커뮤니케이션 기능을 강화함으로써 축제참가자들에게 삶의 활력을 제공해야 한다.

● 축제의 계절성 및 지역 편축제의 계절성 및 지역 편중성을 극복

관광비수기를 극복할 수 있는 다양한 문화관광축제의 개발이 시급하다.

도시형 문화관광축제의 개발도 필요하다.

## 문화관광축제 기획사례분석

● 지역문화의 고부가가치화에 주안점을 둔 기획

- 지역특성과 고유문화를 개발하여 지역주민의 자긍심과 전승계기 마련하였다.
- 지역특화와 연계된 축제를 개발하였다.
- 문화브랜드 창출하였다.

## ● 현대인의 욕구를 축제에 반영한 기획

· Well-Being열풍으로 현대인의 관심을 자극하였다.

· 현대인의 탈 일상욕구를 환경친화적으로 충족시켰다.

## ● 기존의 인프라를 활용한 기획

· 기존 인프라를 최대한 활용하여 경제적으로 진행하였다.

## 문화관광축제 기획의 중점 둘 사항

### 1. 축제운영에 마케팅 개념을 도입하자

수요자는 방문객이므로 이들을 위한 축제운영이 필요하다. 축제기획자 위주의 축제운영은 방문객들의 불만족 요인이 커질 수 있다.

## 2. 축제 콘텐츠의 차별화가 필요하다

지역경제 활성화와 정체성을 유지하는 프로그램 그리고 명확한 표적시장설정, 참여프로그램 개발 확대가 필요하다.

## 3. 관광목적지 다변화 및 지역이미지 제고에 주안점을 두어야 한다

방문객들의 관광목적지를 다변화하여 국토의 균형적 발전에 도움을 주어야 한다.

부정적 이미지가 강할수록 긍정적으로 변화시킬 테마 선정이 필요하다.

## 4. 지역주민의 관심유발과 참여를 확대해야 한다

민·관·학 협력체계 구축으로 전문성을 제고하고, 역할 분담을 통해 행정을 효율화하여 지역주민의 참여 확대와 지속적인 관심을 이끌어 내야 한다.

페스티벌 강의노트

5_

# 문화관광축제의 이해

사례검토_

# 안동 탈춤 페스티벌

FESTIVAL NOTE 100℃

## 안동 소개

- 면적: 1,517.77㎢(서울의 2배)
- 인구: 176,094명
- 영남지방의 중심부
- 전통문화 유산이 풍부한 역사와 문화의 고장
- 보존과 재창조가 끊임없이 이어지는 문화도시
- 800여 년의 역사를 가진 하회별신굿탈놀이를 모태로 만든 문화관광축제 개발

## 안동국제탈춤페스티벌의 전략 중, 하나는?

- 안동민속축제와 함께 개최하여 효과 극대화 창출

안동민속축제는..

안동지역에서 행해져 오던 대동놀이, 마을의 축제를 모아서 1968년부터 시행되어온 축제이다. 근대화를 겪으면서 인구의 이동이 심하여 마을에서 전승 되던 축제와 놀이가 보다 큰 규모인 안동민속축제로 연결된 것이다. 이러한 연유로 인하여 안동민속축제는 35회라는 결코 짧지 않은 역사를 가지고 있지만 실제로는 안동지역에 사람이 살기 시작한 때부터 시행되어온 유구한 역사를 가진 축제라고 할 수 있다.

| | | | | | |
|---|---|---|---|---|---|
| 서 제 | [illegible] | [illegible] | 내방가사경창시연 | 차전놀이 | [illegible] |
| 씨름대회 | 놋다리밟기 | [illegible] | 저전동농요 | [illegible] | 전통혼례시연 |
| [illegible] | 궁도대회 | [illegible] | [illegible] | 풍물경연대회 | [illegible] |

서 제

"경건하고 아름다운 의식"

축제를 시작하는 것을 산천대천에 알리는 고유제이다. 무릇 모든 생명은 산과 강 그리고 자연으로 부터 시작되었고 그 자연에 대한 고마움을 서제로 표현한다 축제라는 말에는 이 제사가 포함되는 것으로 서제는 그래서 너무나 소중한 경건하고도 아름다운 의식이다. 초헌은 안동시장이 하며 아헌은 문화원장이 종헌은 유도회장(儒道會長)이 담당한다

일시 및 장소

장소 : 축제장

일시 : 축제첫날 첫시간

주관 : 안동유도회

안동시, 안동문화원이 안동지역에서 행해져 오던 대동놀이 등 마을의 축제를 모아 1968년 부터 시작된 축제로 안동 국제 탈춤 페스티벌과 함께 열흘 간 개최된다.

## 그렇다면, 안동국제탈춤페스티벌은?

안동시, 안동축제관광조직위원회가 800여 년의 역사를 가진 하회별신굿탈놀이를 모태로 한 문화관광축제로 개발하여 1997년부터 시작된 축제이다. 결국,

낙후된 지역경제 활성화

## 그래서, 안동국제탈춤페스티벌은?

안동의 대표적 무형문화 자산인 하회별신굿놀이를 모태로 안동을 국제적인 탈춤도시로 만들기 위해 만들어졌다. 그리고 문화와 관광을 접목시킨 축제를 통해 낙후된 지역경제활성화를 위해 안동을 국제적인 탈춤의 메카로 조성하였다.

## 안동국제탈춤페스티벌의 독창성은?

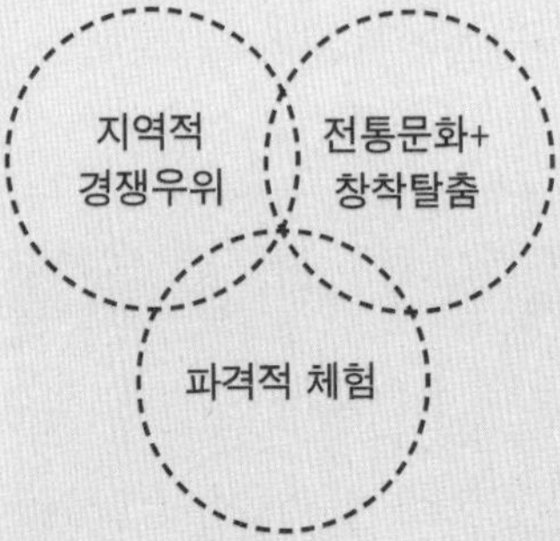

## 안동국제탈춤페스티벌 주요행사

한국의 전통 탈춤을 비롯해 해외 공연 전통민속축제 부대행사 등 관람객들에게 다양한 볼거리와 보다 많은 체험행사를 제공한다.

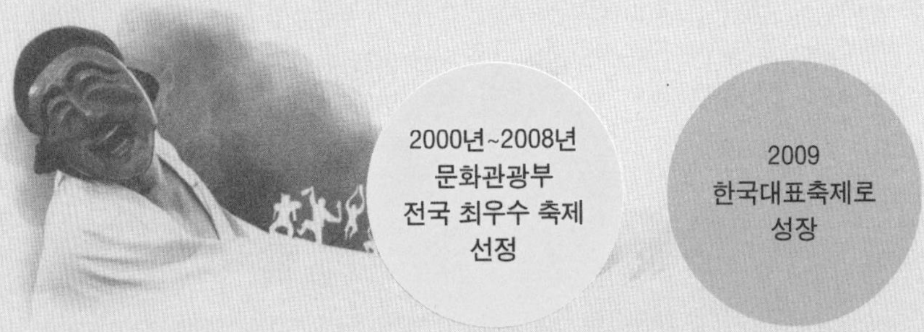

## 안동국제탈춤페스티벌 대표적인 행사

- 서낭신에게 바치는 별신굿(우리나라에서 가장 오래된 탈춤)
  : 굿과 아울러 서낭신을 즐겁게 하기 위한 탈놀이.
  : 1980년 중요무형문화재 제69호로 지정.
  : 우리 조상들의 생활문화가 가장 잘 보존되어 마을 전체가 중요민속자료 제122호로 지정.

**무동마당, 주지마당, 백정마당, 할미마당, 파계승마당, 양반과 선비마당, 혼례마당, 신방마당의 8마당으로 구성.**

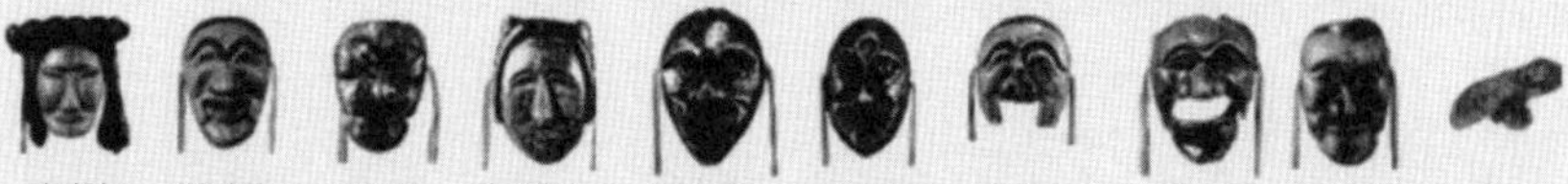

각시탈 양반탈 선비탈 부네탈 초랭이탈 할미탈 이매탈 중 탈 백정탈 주지탈

## 안동국제탈춤페스티벌 마케팅

- 적극적인 미디어의 활용
  - 국내 기자뿐 아니라 국외 기자들을 초빙하는 팸투어 적극 추진
  - 지방축제임에도 불구하고 서울의 인구 밀집지역에 홍보함으로 볼거리 제공은 물론 뉴스로서 가치 창출

썩~물렀거라!
대한민국 대표 축제인 안동국제탈춤 페스티벌을 홍보하기 위한 서울시내 인구 밀집지역에서의 깜짝 이벤트

## 안동국제탈춤페스티벌 성공비결

적극적 주민참여

프로그램(체험다양성)

지속적인 홍보전략

외국인 관광객 수용태세

## 안동국제탈춤페스티벌 시사점

- 한국의 전통적인 대표축제로서의 자리매김
- 우리의 고유문화의 미와 질서를 전수할 수 있는 기회제공
- 외국인 참가자를 통한 해외에 미치는 파급효과(2012년 외국공연팀 10개국 13단체 참가, 외국인 관광객4만2천명 참가)
- 지역주민의 결속성 강화
- 지역홍보효과 및 지역 문화발전과 경제력 활성화(2012년 관광객 112만 명, 경제적 효과 700억)

페스티벌 강의노트

# 100℃로 올리는 페스티벌 기술

독창성과
기획이
만나다

# 6_

# 축제의 분류와 효과

FESTIVAL NOTE 100℃

## 축제의 분류

-

축제는 다양한 관점과 기준에서 분류할 수 있으나
축제의 소재 · 개최 목적 · 프로그램 유형 · 성격 · 운영 방식 등으로 구분할 수 있다.

### 축제소재에 의한 분류

축제소재는 다양하지만 군집화해 보면 전통 문화 · 문화 예술 · 지역 특산물 · 역사 인물 · 자연 생태 · 지역 특성 등 6가지로 요약할 수 있다.

## 축제소재에 따른 주요축제

| 소재 | 주요축제 |
|---|---|
| 전통문화 | 강릉단오제, 남원 춘향제, 경주 한국의 술과 떡 축제, 청도 소싸움 축제, 제주 정월대보름 들불축제 등 |
| 문화예술 | 영동난계국악축제, 춘천 국제마임축제, 평창 효석문화제, 안동 국제탈춤페스티벌 등 |
| 지역 특산물 | 하동야생차문화축제, 부산자갈치축제, 이천도자기축제, 광주 김치축제, 금산인삼축제, 양양 송이축제 등 |
| 역사인물 | 합천 팔만대장경축제, 아산 성웅이순신축제, 진주 남강유등축제, 영암 왕인박사축제 등 |
| 자연생태 | 함평 나비축제, 무주 반딧불축제, 진도 신비의 바닷길 축제 등 |
| 지역특성 | 하이서울 페스티벌, 고성 공룡나라축제, 보령머드축제, 김제 지평선축제 등 |

## 축제개최목적에 의한 분류

1996년 문화체육부는 축제를 개최목적에 따라 주민화합축제 · 관광축제 · 산업축제 · 특수목적축제 등으로 구분하였다. 특히, 주민화합축제는 해당지역에서 전통적으로 개최되어 온 전통문화축제와 구민의 날 및 시민의 날 등도 포함한다고 규정한다. 오늘날의 문화관광축제 형식에는 부합되지 않는 측면이 있다.

## 축제프로그램 유형에 의한 분류

축제는 프로그램 유형에 따라 체험중심 · 공연중심 · 전시중심 등으로 나눌 수 있다.

| | |
|---|---|
| 체험중심 | 금산 인삼축제, 양양 송이축제, 보령 머드축제, 강진 청자문화제, 이천 도자기축제, 인제 빙어축제 등 |
| 공연중심 | 영동난계국악축제, 춘천 국제마임축제, 강릉 단오제, 안동 국제탈춤페스티벌, 등 |
| 전시중심 | 광주 김치축제, 한국의 술과 떡축제, 대구 약령시 축제 |

## 축제성격에 의한 분류

축제성격을 명확히 구분하기란 매우 어렵다.
첫 번째 이유는 축제성격이 혼란되어 그 개념적 정리가 명확하지 않다는 점이다.
두 번째 이유는 하나의 축제가 단일성격보다 여러 성격이 복합되어 있다는 점이다.
따라서 2가지 이상의 복합요소 중에서 명목적 개최목적보다는 실질적 개최목적의 차원에서 어느 요소가 주가 되느냐에 따라 축제의 성격을 구분할 수 있다.

혼란성+복합성을 고려한다면 4가지로 분류할 수 있다.
→ **전통문화 · 문화예술 · 지역특산물 · 지역테마**

### ● 전통문화축제

지역공동체의 구성원들이 수 세대에 걸쳐 축적해 온 고유문화를 정례적으로 표출하는 것으로써 이를 통해 선조들의 역사와 삶의 방식을 학습할 수 있으며, 후손에게 지속적으로 보전할 수 있는 계기를 마련해 준다.

### ● 문화예술축제

문화예술축제는 현대적 관점에서 문화와 예술(연극·무용·춤·음악·미술·영화 등)을 소재로 하여 그 문화와 예술을 창달할 목적으로 개최되는 축제를 말한다.

- **지역특산물 축제** 그 지역 고유의 특산물에 대한 우수성을 널리 홍보하고, 특산물 판매를 통한 지역 및 가계의 경제적 효과를 기대하는 축제로써 지역특산물을 매개로 한 문화프로그램과의 유기적 연관성을 찾는 데 그 목적이 있다.

- **지역 테마형 축제** 지역의 자연과 생태 및 지리적 또는 산업적 특성에 의하여 현대에 와서 새롭게 개발된 축제를 말한다. 개최목적은 지역특성을 이용한 축제 아이템의 문화적 가치 부여, 지역 특성과 축제와의 상호 연관성을 통한 지역 이미지와 브랜드 가치의 상승, 지역 경제와 문화의 발전을 도모하고자 한다.

- **축제 성격에 의한 분류**

| 전통문화축제 | 문화예술축제 | 지역특산물축제 | 지역테마형축제 |
|---|---|---|---|
| 청도 소싸움축제<br>남원 춘향제<br>영암 왕인문화축제<br>정월대보름 들불제<br>진도 영등제<br>강릉 단오제<br>충주 세계무술축제<br>진주 남강유등축제<br>아산 이순신 축제 | 안동 탈춤페스티벌<br>영동 난계국악축제<br>춘천 국제마임축제<br>부산 국제영화제<br>평창 효석문화제 | 광주 김치축제<br>금산 인삼축제<br>이천 쌀문화제<br>양양 송이축제<br>강경 젓갈축제<br>담양 대나무축제<br>한산 모시문화제<br>이천 도자기축제<br>강진 청자문화제<br>대구 약령시축제<br>인제 빙어축제<br>부산 자갈치축제<br>하동 야생차축제 | 고성 공룡나라축제<br>김제 지평성축제<br>연천 구석기축제<br>대전 사이언스축제<br>무안 연꽃축제<br>무주 반딧불축제<br>함평 나비축제<br>한라산 눈꽃축제<br>보령 머드축제<br>진도 신비길축제 |

## 운영방식에 의한 분류

| 구 분 | 내용 |
|---|---|
| 관 중심 | 중앙 정부 혹은 지방자치단체가 주도하는 축제 |
| 민간 주도 | 추진위원회 등의 민간조직을 형성, 중심이 된 축제 |
| 주민 중심 | 주민 스스로가 만들고 운영하는 순수 주민형 축제 |
| 대행사 중심 | 전문 대행사가 모든 행사를 기획 운영하는 축제 |
| 네트워크 | 주민, 자치단체, 대행사 등이 네트워크를 이루어 운영하는 축제 |

## 축제분류 기준표

| 기준 | 분류 |
|---|---|
| 소재 | 전통문화축제 · 문화예술축제 · 지역특산물축제 · 역사인물축제 · 자연생태축제 · 지역특성축제 |
| 개최목적 | 주민화합축제 · 관광축제 · 산업축제 · 특수목적축제 |
| 프로그램 유형 | 체험중심축제 · 공연중심축제 · 전시중심축제 |
| 성격 | 전통문화축제 · 문화예술축제 · 지역특산물축제 · 지역 테마형 축제 |
| 운영방식 | 관 중심 · 민간 주도 · 주민 중심 · 대행사 중심 · 네트워크형 |

## TIP Getz의 이벤트 분류

–
The University of Queensland in Australia Professor Donald Getz(Research Professor).

| 구분 | 내용 |
|---|---|
| Cultural | 축제, 카니발, 종교행사, 퍼레이드, 문화유산 관련이벤트 |
| Art · Entertainment | 콘서트, 공연, 전시, 시상식 관련 이벤트 |
| Business trade | 박람회, 산업전시회, 전람회, 회의, 홍보, 기금 조성 이벤트 |
| Sport competition | 프로경기, 아마추어 스포츠 이벤트 |
| Education · Scientific | 세미나, 워크숍, 학술대회, 통역 수행 이벤트 |
| Recreation | 게임, 운동놀이, 오락 이벤트 |
| Political | 취임식, 수여식, 부임식, VIP방문, 정치적 집회 이벤트 |
| Private | 기념일, 가족휴가, 파티, 잔치, 동창회, 친목회 이벤트 |

## 축제의 효과

### 경제적 효과

**① 지역경제 활성화**

최근 각 지자체가 축제를 개발하고 육성하고자 하는 가장 큰 이유 중의 하나는 지역경제 활성화 차원에서 경제적 파급효과가 크기 때문이다.

경제적 효과는 직접효과로서는 소득증대 및 고용증대가 있으며, 간접효과로서는 축제연관산업에도 영향을 미친다.

● 지역경제활성화 사례: 보령 머드축제(충남 보령시 주최)

**매년 7월 말 경 개최하여 9일 간 세계인과 함께하는**
**즐겁고 신나는 머드 체험!**

방문객이 317만1천 명(2013년)으로 축제 개최 이후 전체적으로 증가추세이며, 20만 명 이상의 외국인 관광객이 참여하는 글로벌 축제로 자리매김하여 지역경제 활성화에 크게 기여한 것으로 평가되었다.

_ 제17회 대한민국 명예대표축제(본 장의 별첨 사례검토 자료 참고).

② **지역관광산업에 미치는 영향**

축제를 구성하는 요소나 축제의 프로그램 또는 서비스 등이 관광객에게 매력을 제공하고, 그로 인해 방문 동기를 유발할 수 있다는 점에서 축제이벤트는 관광목적지에 영향을 미친다. 축제는 지역관광산업의 측면에서 관광수입의 증대, 관광 수익의 지역환원 대안관광상품으로서의 역할, 관광비수기 타개 관광목적지로서 매력성의 증대와 같은 효과를 창출하고 있다.

● 강원도 3대 겨울축제의 지역경제효과 사례

## 지역 경제효과 4300억 · · · 대박 겨울축제

강원 산천어 · 빙어 · 송어축제 영향 조사하니(서울신문 13.2.12일자)

강원 3대 겨울축제(2012년 겨울 기준)

| 축제 | 관광객수 | 소요경배 (행사 · 시설) | 직접파급효과 | 생산유발효과 | 소득유발효과 | 고용창출효과 |
|---|---|---|---|---|---|---|
| 화천 산천어축제 | 144만 명 | 45억 원 | 988억 원 | 1113억 원 | 296억 원 | 3560여 명 |
| 인제 빙어축제 | 70만 명 | 12억 원 | 400억 원 | 643억 원 | 159억 원 | 836여 명 |
| 평창 송어축제 | 43만 명 | 20억 원(추정) | 375억 원 | 374억 원 | 116억 원 | 1503여 명 |

강원도 겨울축제 기간에 700만 명 가량의 방문객을 유치해 경제효과를 거둘 것으로 기대하며, 서울과 축제장을 연결하는 외국인 전용 셔틀버스를 운영하는 방안도 검토하고 있다.(경향신문 13.12.22일자)

## 사회적 효과

· 화합의 장
· 지역의 애향심 및 자긍심 고취
· 지역간의 교류촉진
· 지역 발전의 계기
· 지역의 대외홍보 및 이미지 제고

하동은 야생차 문화축제를 통하여 숨겨진 명소를 널리 홍보하여 유명세를 타게 하였을 뿐만 아니라 장소 마케팅의 효과를 보고 있다.

## 문화적 효과

· 전통문화의 보존과 계승 및 복원
· 문화욕구 및 일탈의 장 제공
· 지역문화의 창달 및 진흥
· 문화교류의 장
· 지역의 대외 이미지 제고

**이천시** → 도자기축제:
도예문화의 도시 이미지 창출

**안동시** → 국제탈춤 페스티벌:
탈춤과 선비문화의 도시 이미지 창출

**춘천시** → 국제마임축제:
예술의 도시라는 이미지구축

## 교육적 효과

· 현장체험 학습의 장
· 사회성 학습의 장

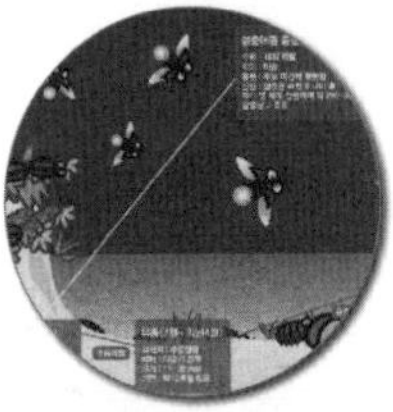

축제는 현장에서 배울 수 있는 학습의 장을 제공한다. (무주 반딧불축제에서 제공하는 반딧불이의 생태연구의 자료)

## 축제의 부정적 효과

· **정치적 측면** | 축제를 국가차원 또는 지자체 장의 정치적 목적으로 개최되는 경우도 있다.

· **사회적 측면** | 안전사고 및 범죄발생
문화의 무대화 및 상업화

## TIP Festival의 효과분석

| 구분 | 긍정적 효과 | 부정적 효과 |
|---|---|---|
| 경제적 | 국가경제력 파급효과, 지역경제활성화 및 지역개발효과, 고용창출과 소득증대 | 물가상승, 지역주민의 물질 만능주의확산, 소비자 지향 태도 형성 |
| 사회문화적 | 정체성 및 자긍심 강화, 국가 및 지역의 문화발전, 사회문화적 삶의 질의 향상 | 지역주민의 사회병리 현상, 이벤트활동에 대한 고유성 변질, 지역민과 방문객 간의 갈등증가 |
| 정치적 | 국제사회에서 지위, 이미지 향상, 민간외교 진흥, 주민참여기회제공, 지역과 지역가치에 대한 관심증가 | 이벤트본질 왜곡, 정치적 목적으로 사용, 주민의 동원, 노동력 착취 |
| 환경적 | 체계적 관리와 통제로 보존관리, 지역환경 정비 및 개선 효과, 지역기반 시설 및 도시 마케팅효과 | 환경오염과 훼손, 과잉과 혼잡요인, 지나친 규제요인 |
| 관광적 | 관광객 유치, 관광효과 극대화, 투자가치 요인 증가, 지역홍보 및 이미지 향상 | 부적절한 시설, 환락적 이미지 발생, 과잉 투자 |

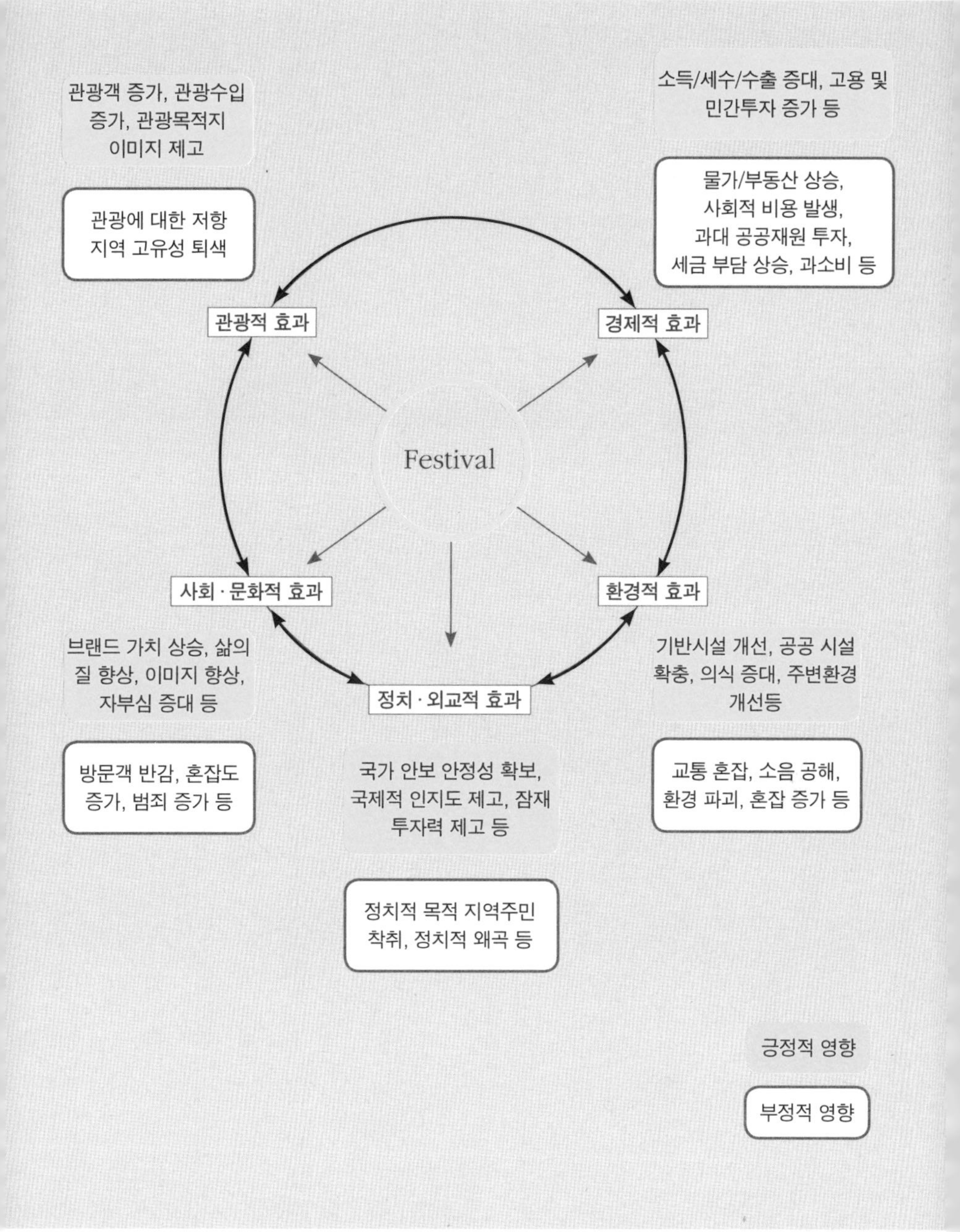
관광객 증가, 관광수입 증가, 관광목적지 이미지 제고
관광에 대한 저항 지역 고유성 퇴색
소득/세수/수출 증대, 고용 및 민간투자 증가 등
물가/부동산 상승, 사회적 비용 발생, 과대 공공재원 투자, 세금 부담 상승, 과소비 등
관광적 효과
경제적 효과
Festival
사회·문화적 효과
환경적 효과
정치·외교적 효과
브랜드 가치 상승, 삶의 질 향상, 이미지 향상, 자부심 증대 등
방문객 반감, 혼잡도 증가, 범죄 증가 등
기반시설 개선, 공공 시설 확충, 의식 증대, 주변환경 개선등
교통 혼잡, 소음 공해, 환경 파괴, 혼잡 증가 등
국가 안보 안정성 확보, 국제적 인지도 제고, 잠재 투자력 제고 등
정치적 목적 지역주민 착취, 정치적 왜곡 등
긍정적 영향
부정적 영향

페스티벌 강의노트

# 6_

# 축제의 분류와 효과

사례검토_

## 보령 머드 축제

_출처: 보령머드축제 조직위원회.

FESTIVAL NOTE 100℃

# I. 보령머드축제 개요

· 장소: 충남 보령시 대천해수욕장 머드광장
　- 대천해수욕장 : 해변 3.5㎞, 동양유일 패각분 백사장
· 기간: 매년 7월 중순 (10일간)
· 내용: 60개 프로그램(체험, 기획전시, 야간공연 등)
· 예산: 2,100백만 원(국비, 도비, 시비)
· 주최/주관: 충남 보령시, 재)보령머드축제조직위원회

## II. 머드축제의 연혁

| 구 분 | 기 간 | 프로그램 수 | 예산액(단위:백만원) | 비고 |
|---|---|---|---|---|
| 제1회 | (1998) 7.16~19 (4일) | 16 | 160 | - |
| 제2회 | (1999) 7.15~18 (4일) | 24 | 150 | - |
| 제3회 | (2000) 7.14~17 (4일) | 26 | 200 | 문화관광축제 |
| 제4회 | (2001) 7.14~20 (7일) | 26 | 250 | 문화관광축제 |
| 제5회 | (2002) 7.20~26 (7일) | 38 | 260 | 문화관광축제 |
| 제6회 | (2003) 7.19~25 (7일) | 45 | 340 | 우수축제 |
| 제7회 | (2004) 7.16~22 (7일) | 53 | 440 | 우수축제 |
| 제8회 | (2005) 7.16~22 (7일) | 57 | 490 | 문화관광축제 |
| 제9회 | (2006) 7.15~21 (7일) | 72 | 900 | 최우수축제 |
| 제10회 | (2007) 7.14~22 (9일) | 58 | 2,300 | 최우수축제 |
| 제11회 | (2008) 7.12~20 (9일) | 55 | 2,500 | 대한민국대표축제 |
| 제12회 | (2009) 7.11~19 (9일) | 55 | 3,200 | 대한민국대표축제 |
| 제13회 | (2010) 7.17~25 (9일) | 49 | 3,200 | 대한민국대표축제 |
| 제14회 | (2011) 7.16~24 (9일) | 49 | 1,800 | 대한민국 명예 대표축제 |
| 제15회 | (2012) 7.14~24 (11일) | 49 | 1,800 | 대한민국 명예 대표축제 |
| 제16회 | (2013) 7.18~27 (10일) | 49 | 1,800 | 대한민국 명예 대표축제 |

## Ⅲ. 주요 프로그램

체험행사 (22)
머드에어바운스, 머드몹씬(난장),
셀프마사지, 칼라머드체험,
토마토축제체험 갯벌극기 등

기획전시 (7)
머드축제전국사진 공모전,
머드화장품, 캐릭터 전시판매 등

연계행사(10)
글로벌축제포럼, 머드세계화 학술세미나,
세계피부미용경진대회, 머드축제 홍보대사 위촉

야간행사(10)
개막축하공연, 힙합레이브파티, 불꽃환타지쇼 등

## Ⅳ. 머드축제의 성과

1. 대한민국 최초 축제수출 1호

- 행사명: 중국대련 금석탄 한국보령 국제머드축제
- 기간: 2009.7.26~9.6(43일간)
- 장소: 중국 대련 금석탄 해수욕장
- 내용: 15개 프로그램(체험, 전시, 연계행사)
- 주최: 보령시/대련시, 대련개발구 관리위원회 공동
- 성과: 대한민국 축제문화 해외 전파

2. 세계축제도시 지정
- 일시: 2010. 9. 16
- 공인단체: IFEA WORLD(세계축제협회)
- 평가내용: 인구, 숙박시설, 방문객, 우수축제, 축제지원, 자원봉사자 등 평가

※ 보령축제: 신비의 바닷길축제, 천북굴축제, 대하전어축제,통기타 축제 등
- 성과: 세계 유명도시와 함께 아시아지역 mud-city로의 부각

※ 영국 에딘버러, 호주 시드니, 네덜란드 로테르담 등(대륙별 지정)

3. 세계언론사 극찬 글로벌 축제 반열 도약

4. 주한외교사절 팸투어 글로벌 축제 입증
- 일시: 2010. 7. 24
- 참여: 20개국 60명(이스라엘 대사 등)

5. MUD-CITY로의 발전

### 6. 관광객 증가 및 지역경제 활성화 기여

(단위: 천 명, 백만 원)

| 구분 | 2009년 | 2010년 | 2011년 | 2012년 | 2013년 | 비고 |
|---|---|---|---|---|---|---|
| 관광객수(외국인수) | 2,171(104) | 2,680(183) | 2,250(202) | 3,084(202) | 3,171(248) | |
| 지역경제 파급효과 | 48,910 | 55,566 | 52,383 | 59,200 | 63,442 | |

## V. 머드축제의 성공요인

### 1. 체험형 축제

- 관광객이 직접 참여하는 체험형 축제
- 머드에어바운스 체험, 머드셀프마사지 체험, 칼라머드바디페인팅 체험 등

### 2. 차별화된 프로그램

- 갯벌극기체험, 머드난장·몹씬(머드박, 머드물폭탄, 머드물대포 활용)

### 3. 공격적 홍보마케팅

- 국내외 스팟광고, 국내외 인터넷 홍보(트위터, 페이스북)
- 국내외 박람회 참가, 신문, 방송, 잡지 활용 홍보

### 4. 관광객 수용태세

- 편의시설(주차장, 숙박, 식당 등) 및 여름시청 · 경찰서 · 119구조대 운영
- 축제서비스 체계(통역 50명, 진행및안전요원 105명, 자원봉사자 50명/일)

### 5. 축제지원 정책

- 문화체육관광부 · 충청남도

페스티벌 강의노트

# 100℃로 올리는 페스티벌 기술

—

독창성과 기획이 만나다

—

# 7_

# Festival의 기획과정

FESTIVAL NOTE 100℃

## 기획의 성격

기획은 항상 미래지향적이며, 목표형성과 이를 이루기 위한 수단에 초점을 맞추고 있다.
일상적인 조직은 지속적인 과정으로 기획을 하고 있지만, 일회성 이벤트 조직은 특정 목표를 성취하기 위해 기획을 한다.

## 전략적 기획은

목표를 정하고 이를 달성하기 위한 방도를 정하는 것 이상의 목적을 가지고 있다.
이런 전략적 기획은 지속적으로 환경을 모니터하고 조직과 이벤트에 영향을 미칠 수 있는 것을 예측하며, 전략을 고안하고 개선하는 일에 주력한다.
이때 핵심매니저는 전략적 기획을 세우는 데 시간과 노력을 더 투자하는 반면, 일반적 업무를 수행하는 매니저와 감독은 단기적이고 구체적인 기획을 세우는 데 더 많은 시간을 소비한다.

## 상설이벤트의 경우는

지나치게 새로운 경향을 추구하거나 일회성 이벤트로 기획되는 경향이 있다.
왜냐하면 대부분의 자원들이 장기기획이나 현대적인 기획방법에는 잘 어울리지 않기 때문이다. 그러나 이런 어려움 속에서도 축제이벤트들이 계속 성장하기 위해서는 장기적이고 체계적인 기획들이 상설화되고 좀더 전략적으로 발전해야 한다.

## 기획은 또한 정치적 과정이다

이는 축제이벤트가 재원을 얻는 것은 정치적인 결정에 의존하는 경우가 많기 때문이다.

무엇보다 잠재적인 파급효과와 페스티벌 또는 특별이벤트의 비용을 감안할 때, 대부분 여러 가지 정치적 비난과 충돌을 빚거나 이와 비슷한 조사를 받게 되는 일이 있으므로 가능하면 필요한 승인이 떨어지기 전에 공공정책과 법률적 조건들을 명백하게 충족시켜야 한다.

## TIP 기획에 있어 Festival 방향성 설정의 예

### 1. 축제의 필요성과 효과에 대한 인식공유

- 축제의 필요성을 제기하는 주체는 지역민이 되는 것을 원칙으로 한다. 이렇게 제기된 축제는 지방자치단체, 행정공공기관의 협력으로 구체화 되며 지역산업(기업), 문화예술단체가 기폭제역할을 담당하게 된다. 이를 위해서는 지역 내 다양한 주체 간 축제 필요성에 대한 인식을 수렴해야 한다.
- 축제의 필요성을 검토할 때에는 축제가 ① 지역 정체성 및 지역민의 단합과 자긍심을 강화할 수 있고, ② 지역의 문화, 예술, 경제 발전의 견인차 역할을 하며 ③ 지역의 대외이미지 고양 및 지역민의 시민의식 고양을 가능케 할 수 있으며, ④ 지역의 문화적 특성을 바탕으로 지역경제 활성화를 가능케 하고, ⑤ 현대인들의 마음의 고향으로 되돌아오게 하는 효과 등을 가지는지 살펴보아야 한다.

### 2. 축제개최 타당성 조사

- 축제의 성공적 개최를 위한 현황파악, 여가시장, 축제배후시장, 관광수요공급환경에 대한 지역 내 여건조사가 필요하다.
- 축제의 역사적, 사회문화적, 경제적배경을 검토해야 하며 이와 함께 지역주민과의 관계도 검토해야 한다. 그 방법으로 SWOT분석이 많이 쓰인다.

| SWOT 분석과 전략적 축제 계획 | | |
|---|---|---|
| 구분 | 강점 | 약점 |
| 기회 | 공격적 전략 | 전환적 전략 |
| 위협 | 다양화 전략 | 방어적 전략 |

### 3. 축제의 목적 규정

- 단기적 목적으로는 ① 지역민 및 표적 방문객층의 마음속에 자리잡을수 있는 발판을 마련하고, ② 지역민의 지역에 대한 이해제고와 유희성을 만족시키는 것이다.
- ① 독창적인 사회·문화적 지역 이미지 창조를 통한 전국적인 지명도를 확보하고, ② 외래 관광객 유입을 통한 지역의 경제발전(관광·고용창출)을 견인해 내는 것이다. 축제가 이러한 목적에 부합하는 가를 점검해야 한다.

### 4. 축제의 방향성 정립

- 축제의 조직화 정도는 민관의 상호간 역할 충실 및 자율성이 보장되는 조직 구성 정도로 가늠된다.
- 이를 위해서는 민간전문가와 행정 지원인력의 이상적인 조화가 필요하며 효율적인 집행을 위한 상설위원회를 조직하여 축제예산, 형태, 규모, 일정 등을 가결정해주어야 한다.
- 지역사회에는 축제를 통해 ① 지역 공동체 의식 향상, ② 문화예술향유의 기회를 늘려 지역민의 삶의 질적 수준 고양, ③ 관광산업활성화와 지역의 고용 창출을 가능케 할 문화산업발전의 콘텐츠 개발 등을 달성해야 할 것이다.

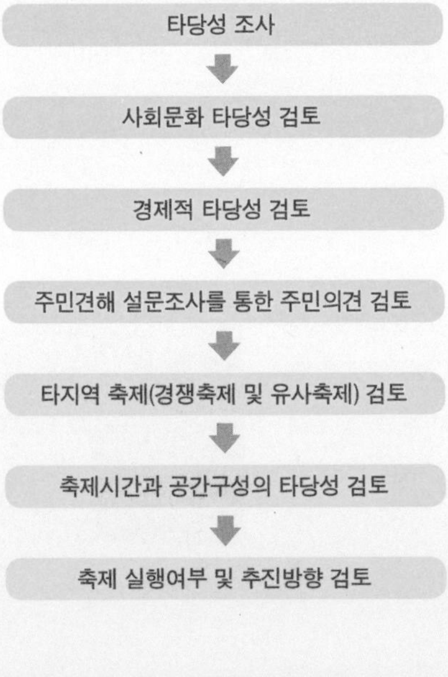

## 기획 · 계획의 개념 이해

1. 기획(企劃): 일을 준비하기 전까지의 단계(plan)
· 아직까지 없거나 어떤 새로운 일을 이루기 위해 미리 짠 얽이
· 주로 국가기관이나 기업체에서 사용
예) 기획 안을 제출하다 / 편집 기획 회의 / 기획업무를 담당하다

2. 계획(計劃): 일을 진행하기 위한 단계(planning)
· 사전적 의미: 어떤 일을 함에 앞서 방법 차례 규모 등을 미리 생각함.
· 미래의 일에 대한 좀 더 조직적이고 세부적이며 실천성을 고려한 얽이
· 기획의 목적을 달성하기 위한 하나 하나의 세부적 방침까지 포함.
예) 예행 계획 / 작업 계획 / 경제개발 5개년 계획

## 전략 · 기획 · 전술 · 계획의 차이

| | 전략 | 기획 | 전술 | 계획 |
|---|---|---|---|---|
| 국가 | · 국익을 지키기 위한, 국가 자원의 통합적인, 편성 입안 | · 경제계획의 입안<br>· 외교관의 센스<br>· 국민에 대한 어필능력 | · 국익을 지키기 위한 직접 행동의 입안 | 의무실행을 하기 위한 프레임워크 스케줄 |
| 전쟁 | · 전쟁수행을 위한 작전 구성의 통합적인 편성 입안 | · 전시경제의 입안<br>· 무기의 개발, 성능향상<br>· 전시 중 사기앙양 어필 | · 전투의 효과적인 편성 입안 | |
| 기업 | · 영속적인 기업활동을 위한 경영차원의 통합적인 편성 입안 | · 신기술을 갖는 비즈니스 입안<br>· 창조적, 서비스 입안 | · 직접 이익을 낳게 하기 위한 기업활동의 입안 | |
| 개인 | · 보다 높게 살기 위해 가질 수 있는 능력의 통합적인 편성 입안 | · 자신의 능력을 단련하는 빠른 센스 | · 자신의 메리트를 안 직접 행동 | |
| 넘버1 | · 넘버원을 이해, 발굴, 창조하여 넘버원을 중심으로 한 편성 입안 | · 넘버원에 단련을 한다 | · 넘버원을 품고 돌진한다 | |
| 비유 | 머리(사고) | 손(연구) | 발(행동) | |

_ 디키히시겐코(2002)에서 재구성.

## Festival의 기획과정

● 기획의 일반적 현상(phase)

과학이라면 학문적 탐구(관찰)에서 종래의 진리에 대한 의문점이 발견되어(착안) 접근하고, 그것이 실증되어(조사) 새로운 과학체계(구상 · 입안)에 이르는 것이다.

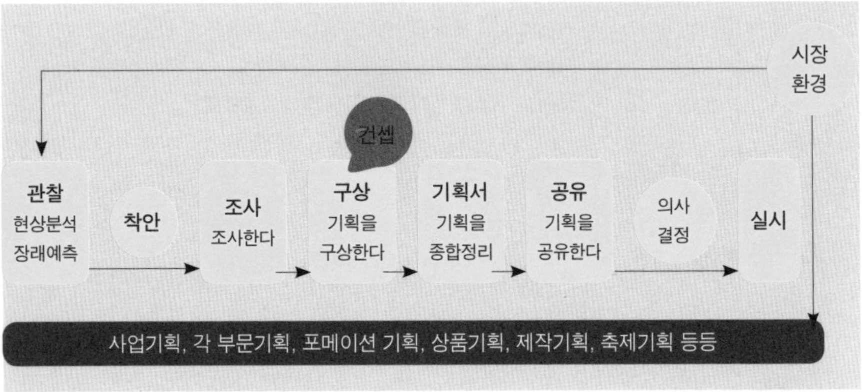


## Festival 기획작성원칙

기획서는 이론의 전개나 논문의 성격과는 다르다.
따라서, 기획서를 펼치면 마치 축제가 눈앞에서 진행되는 것과 같은 현장감을 느낄 수 있어야 한다.

기획서 작성원칙은?
매력성, 시의성, 일관성, 현장성, 적정성이라고 할 수 있다.

| | |
|---|---|
| Festival 기획서는 | 1. 준비과정의 출발점이고 실행을 위한 지침서이다.<br>2. 설득을 위한 자료 역할은 물론 의사결정의 수단이 된다.<br>3. 용역의 경우, 기획서에 의하여 결정된다.<br>4. 축제의 규모와 질 등이 판단된다.<br>5. 스폰서십 유치나 평가보고 등의 자료로 활동된다.<br>6. 출연진 섭외 또는 보도자료 등 외에 다양하게 사용된다. |

## 결국 기획능력이란?

기획의 의미: 어떤 '일'을 하기 위한 '계획'(일을 세우는 것)
키워드(일과 계획) 일에 관한 문제를 해결하기 위한 사전 작업으로 정의

① 문제의 근원은 무엇인가?
② 문제에 관련된 정보는 어떤 것이 있는가?
③ 문제 해결을 위해서는 어떤 방침을 세워야 하는가?
④ 해결을 위한 구상과 구체 방안을 어떻게 정리해야 하는가?
⑤ 기획을 설득시키고 실현을 목표로 한다

실제 일에 앞서 이러한 일을 하는 것이 기획, 그것을 실천하는 것이 기획능력

업무상 문제를 창조적으로 해결하기 위해 방침을 세우고, 정보를 수집하고, 구상하고, 구체화하고, 설득하고 목표를 실현하는 전 과정을 실시하는 능력

## 그렇다면, Festival 기획이란?

방문객의 욕구충족에 초점을 두고, 축제의 속성을 프로그램화하며, 연출한 이벤트를 효과적으로 달성하기 위하여 조직 · 예산 · 마케팅 · 프로그램 · 운영 등 사전에 준비된 총체적인 실행계획이다.

이와 같은 축제 이벤트기획은 축제의 컨셉을 잘 반영해야 하고, 무에서 유를 창조하는 일종의 총체적 예술작품이라고 할 수 있으므로 참신한 아이디어와 발상의 전환(out of box)이 요구된다.

## Festival의 매니지먼트 사이클

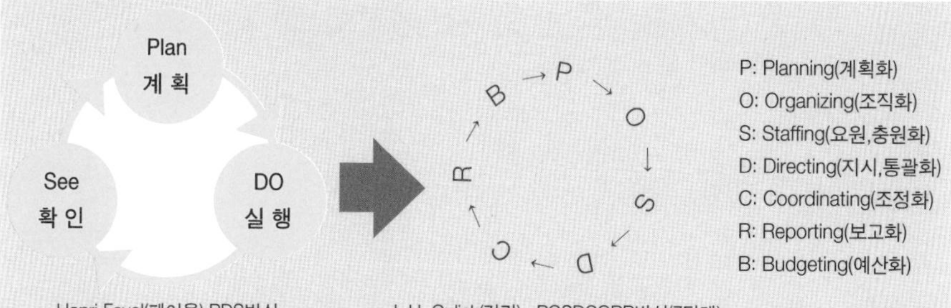


Henri Fayol(페이욜) PDS방식    L.H. Gulick(길릭) POSDCORB방식(7단계)

## THE ORDINARY PROCESS OF PERFORMING ART EVENT PROJECT

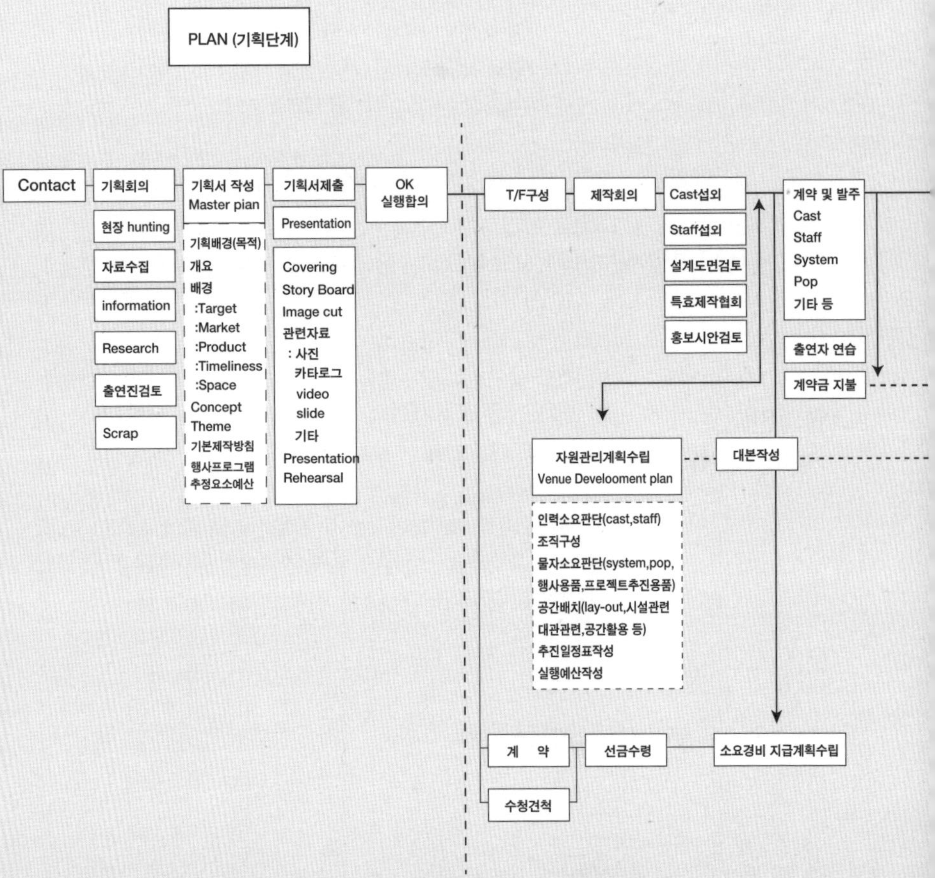


_ 선행연구에 의한 저자 재구성.

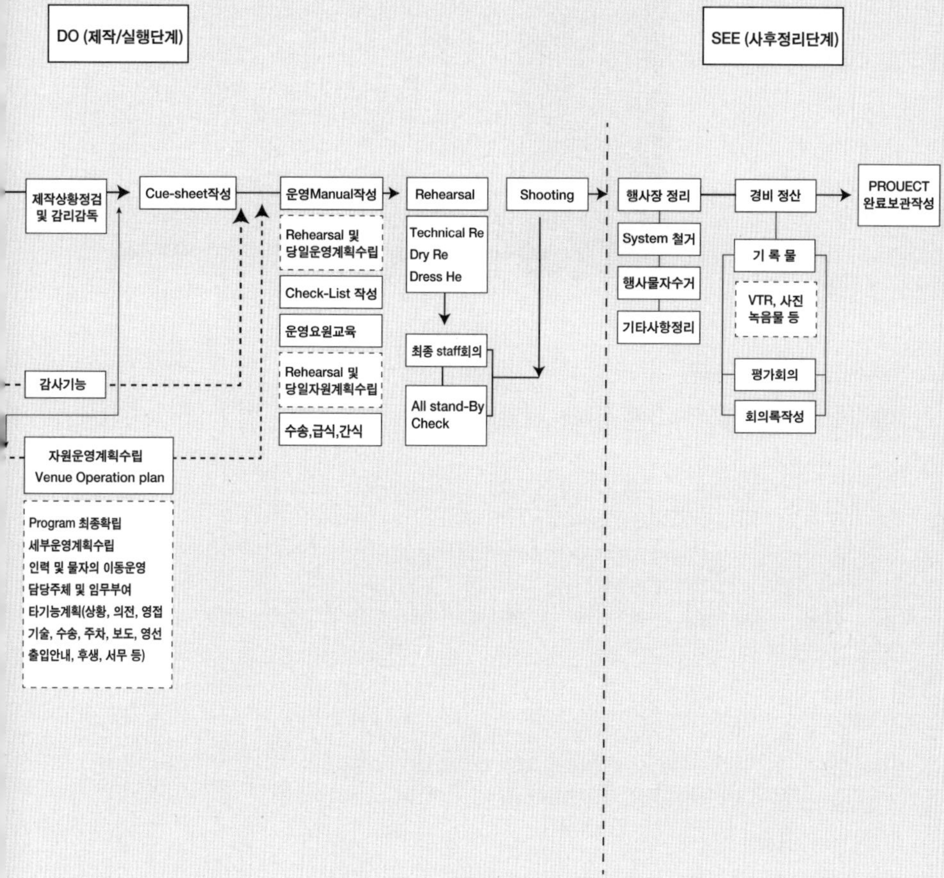
DO (제작/실행단계)
SEE (사후정리단계)
제작상황점검 및 감리감독
Cue-sheet작성
운영Manual작성
Rehearsal
Shooting
행사장 정리
경비 정산
PROUECT 완료보관작성
Rehearsal 및 당일운영계획수립
Check-List 작성
운영요원교육
Rehearsal 및 당일자원계획수립
수송,급식,간식
Technical Re
Dry Re
Dress He
최종 staff회의
All stand-By Check
System 철거
행사물자수거
기타사항정리
기 록 물
VTR, 사진 녹음물 등
평가회의
회의록작성
감사기능
자원운영계획수립
Venue Operation plan
Program 최종확립
세부운영계획수립
인력 및 물자의 이동운영
담당주체 및 임무부여
타기능계획(상황, 의전, 영접
기술, 수송, 주차, 보도, 영선
출입안내, 후생, 서무 등)

## Festival 진행절차

| | |
|---|---|
| 기획 단계 | · 기획의 구성(2H6W법 활용)<br>· 추정재원 및 예산수립<br>· 조직위원회 및 운영조직 구성 |
| 준비 단계 | · 계약, 운영 메뉴얼 작성B<br>· 진행, 준비회의 개최 및 일정체크, 상황점검<br>· 리허설 |
| 진행 단계 | · 리허설 및 큐-시트에 의한 프로그램 준비<br>· 행사장 안전사고 및 인력 관련<br>· 행사 진행 |
| 결과 단계 | · 기대효과의 실현 정도 검토<br>· 지역사회에 미치는 효과 및 재정의 효율성 검토<br>· 종합적인 결과분석을 통해 문제점과 개선방향 도출 |

## TIP Festival 기획에 따른 진행 체크리스트

| | |
|---|---|
| 개최 1년 전 | - 위원장과 자원봉사자들에게 축제참여 권유<br>- 관련법률 검토하기<br>- 축제준비단계의 스케쥴 작성<br>- 예산 세우기<br>- 스폰서십 패키지 준비 및 스폰서 권유<br>- 기본구상하기 |
| 개최 9개월 전 | - 장비와 공급품에 대한 신청요구서 발송<br>- 주민계층별로 참여권유 및 방법 소개<br>- 음식 및 음료판매 권유<br>- 마케팅계획 수립<br>- 특별행사인가 신청<br>- 보험계약관련양식 첨부 요청<br>- 대상장소 시찰<br>- 행사(엔터테인먼트 관련) 계약 |

| | |
|---|---|
| 개최 6개월 전 | - 안전관련부분담당 경찰관계자와 협의<br>- 필요한 자원봉사자 파악<br>- 자원봉사자 참여 권유<br>- 전기, 수도 등 수요파악 및 조정, 서비스 선택 |
| 개최 3개월 전 | - 행사장소에 필요한 물품파악, 무대, 펜스, 텐트 설치 및 테이블, 의자, 이동식화장실 등 관련업체와 계약하기<br>- 라디오, 휴대폰 등 통신장비 파악<br>- 지방자치단체, 경찰, 소방서 등 관리자와 함께 행사장소 시찰<br>- 행사당일 자원봉사자, 스폰서를 위한 식음료 준비<br>- 미디어스폰서 조정 및 신문광고 게재<br>- 이벤트 관련 아트워크디자인 및 입장권디자인, 인쇄 계약 |
| 개최 2개월 전 | - 물품협찬처(소프트드링크, 물, 다과 등) 물색<br>- 언론매체에 축제 개최 공지<br>- 참가자와 자원봉사자를 위한 로고티셔츠 준비<br>- 축제홍보용 자료 프린트 및 배포<br>- 배너와 안내판 주문<br>- 수여식용 상패와 현수막준비(경연/대회일 경우)<br>- 주류취급허가신청 |
| 개최 1개월 전 | - 개최지관련 지도, 방향, 부지안내 최종 승인<br>- 개최지 연결 통로 제작<br>- 자원봉사자 교육(인사, 안내 등)<br>- 스폰서배너 취합<br>- 주변상가, 거주지에 축제행사일정 통보<br>- 협회프레스 개최 |
| 개최 7일 전 | - 각 행사당일별 안전보안계획 최종확정(경찰, 소방관 입회)<br>- 변경사항파악 후 스태프, 자원봉사자에게 공지<br>- 자원봉사자 관리담당 회의<br>- 모든 확정사항 재검토 |
| 개최 1일 전 | - 축제행사 총본부 설치<br>- 최종 리허설 |

## 현업의 기획 과정

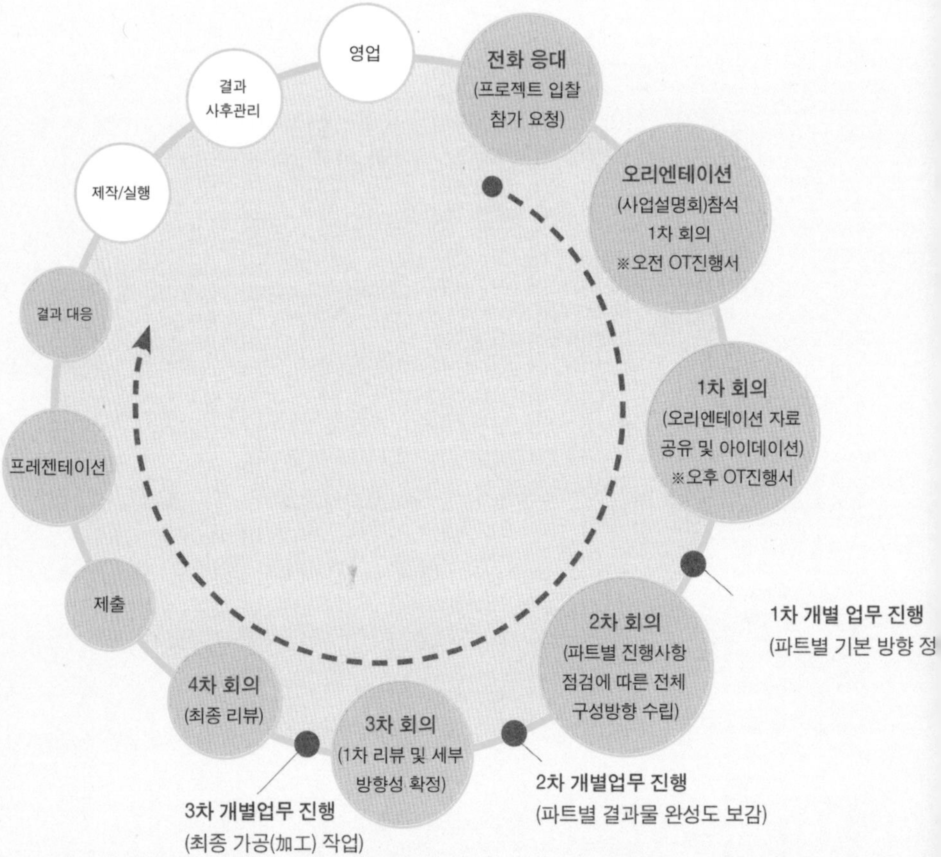


- 위 일정은 평균적인 기획 일정을 기준으로 했으며, 주최측의 일정에 따라 완급 조절이 필요함.
- 회의는 주요 어젠더 위주의 신속한 결정을 위해 오전 진행이 적절함.

_ 출처: 연하나로창립25주년기념백서(2010).

## 운영구성에 필요한 기획 방향

| 운영방식 | 주요 기획 방향 |
|---|---|
| 공간계획 | 행사장을 한번에 보여주는 레이아웃이 가장 효과적이며, 공간계획에서도 의도한 연출 방향이 부각되는 포인트를 잡아 설명한다. |
| 시스템 계획 | 음향, 조명, 영상장비, 중계, 특수효과, 전력 등 각 항목에 대한 연출 및 운영포인트를 기술한다. |
| 인력 운영계획 | 참가자 동선과 프로그램 운영 시간 흐름에 따른 인력 운영계획을 최적의 구성으로 잡는 것이 필요하다(추후 실행 할 때 조절). |
| 의전 계획 | VIP 인원과 동선, VIP 참여 등을 고려하여 전문인력을 배치 등의 세심한 기획이 필요하다(동선과 VIP역할을 부각하여 기술). |
| 물자 운영계획 | 프로그램별, 공간별 시뮬레이션을 통한 물자 운영계획을 기획서에 기술한다. |
| 비상 계획 | 일반적으로 우천, 환자발생, 화재, 집단행동(집회 및 시위) 등의 경우를 유관기관에 사전협조를 요청한 근거로 기술한다. |

## TIP 일회성을 위한 프로젝트 기획은?

Donald Getz가 정의한 프로젝트기획이란?

새로운 이벤트를 적재적소에 배치하기 위해 재원과 개최지 그리고 파급효과와 관련된 매개변수를 확정하고, 창출해내기 위한 하나의 디자인이요 도구라고 정의하고 있다.

## 일회성을 위한 프로젝트 기획절차

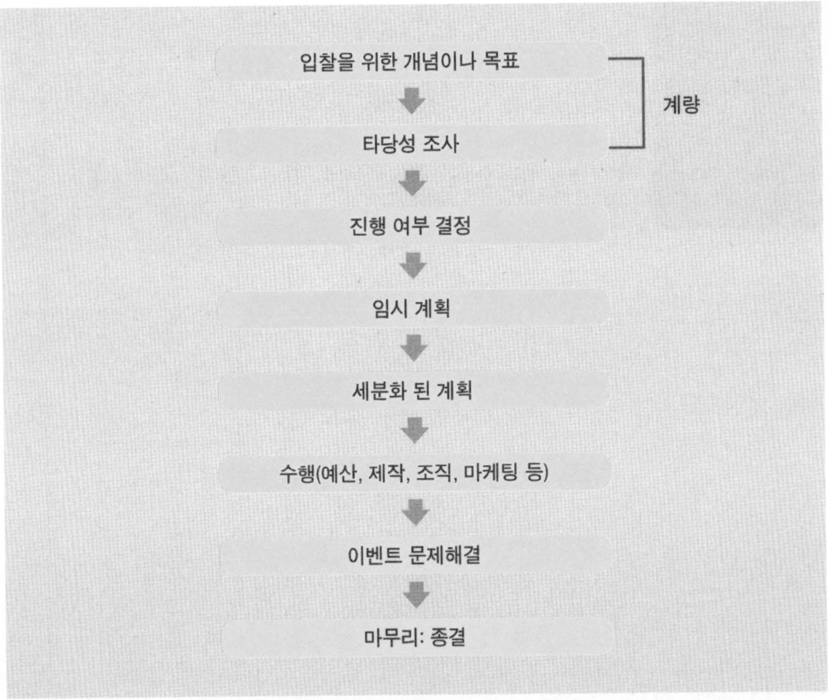

페스티벌 강의노트

# 7_

# Festival의 기획과정

## 사례검토_

## 『제-회 경기도 세계도자비엔날레』 개막식행사 기획(예시)

_ 본 자료로 실행한 내용은 아니며, 사례 예시를 목적으로 발췌하여 재구성한 내용임.

FESTIVAL NOTE 100℃

# I. 들여다 보기

## 1. -회를 맞는 경기도 세계도자비엔날레 속 보기

제 -회 경기도 세계도자비엔날레는 -회까지의 비엔날레를 돌아보고 평가하면… "Turning Point"

도자기, 그리고 도자기를 빚는 사람과 도자기를 사용(쓰임)하는, 도자기를 감상(문화)하는 사람이 서로 애정과 호기심으로 다가서는 장.

## 2. 그 속에서 바라본 개막식은…

새로운 Turning Point로서 제5회 경기도 세계도자비엔날레 개막식 커뮤니케이션 Message는…?

1 성과 공감 — 知 — 세계에서 유일무일한 국제적인 종합 도자 문화 프로젝트로 세계도자 발전의 리더 역할과 한국도자의 발전의 기틀 마련

2 변화인지 — 愛 — 다양한 예술장르 및 산업분야와 도자가 만나 도자예술의 새로운 진로를 개척하고 세계가 공감하는 현대도자예술을 바라보는 새로운 시각 제시

3 비전공유 — 信 — 문화를 통해 지역을 Re-Positioning하고 지역산업으로서의 정착과 발전을 통해 지역경제활성화에 기여하고 도자를 지역의 실질적인 경쟁요소로 부각

## 3. 불의 모험에 대한 접근

불의 모험은 '주제가 행동을 정의'하는 좋은 사례로 매회 도자비엔날레를 찾아왔던 관람객들에게도 매우 새로운 경험이 되어야 합니다.

따라서 "불의 모험"의 개막 세레모니 연출은

의외성을 통한 재미와 흥미가 있다!
변화를 통한 다양성이 존재한다!
창의적 사고를 통한 확장이 가능하다!

## II. 연출전략

### 1. 연출전개방향

**불의 모험 속에서 도출한 속성들을 개막식 연출요소로 활용**

관객에게 지금까지와는 다른 개막식 체험 제공

비엔날레에 새로운 주제의 의미를 느낄 수 있도록 …

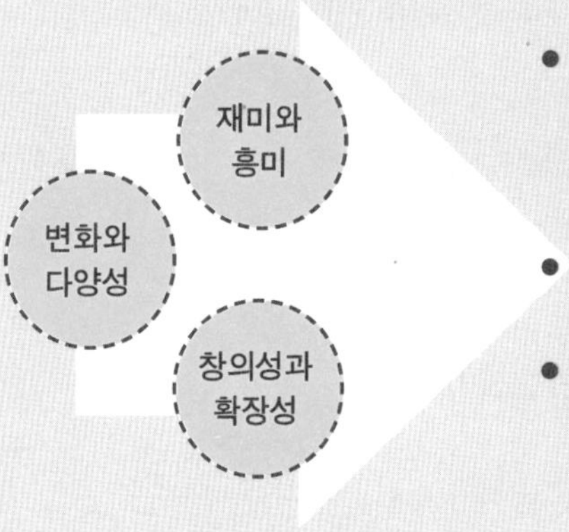


- 좀더 쉽고, 좀더 즐거워진 개막식!
  예술과 대중이 좀더 가까워짐으로써 도예가들에게도,
  일반인들에게도 더 친근한 비엔날레로 인지
- 영상과 무대, 객석이 함께 소통하며 경계 허물기
- 21세기 도자예술의 새로운 패러다임 제시
  도자와 다양한 예술과의 접목
  도자예술의 생활화, 산업화, 세계화를 향한 비전제시

### 2. Story Telling 기법을 이용

- 사람들은 이야기에 열광한다!

쉽게 이해하고 재미있게 몰입하고 다시 생각나게 하는 이야기 구조의 전개

- Story Telling은…

특정한 목적을 지니고 상대방을 설득하기 위한 "전략적 커뮤니케이션" 방법으로 탁월한 효과

**"참여하는 사람들에게 감성적 경험을 주고 특정 메세지를 통해 영향을 미치는 접근방식"**

## Story + Making "상상발화 - 불의 연대기"

| | |
|---|---|
| ● 상상발화(想像發話) | 1장: 불… 그 다름에 대하여…<br>세상에 존재하는 다양한 불, 그러나 쓰임에 따라 '불' 역시 다른 이야기를 지니게 되고 … |
| ● 상상발화(上上發火) | 2장: 불… 千變萬化<br>사람은 흙을 빚고, 그리고, 새기고, 바르고 … 불은 거기에 작은 우주의 모습을 새겨 넣으며 새롭게 태어나고… |
| ● 상상발화(常常發花) | 3장: 사람과 불! 아름다운 진화를 향해 …<br>사람과 흙 그리고 불이 더해져 만들어낸 도자기는 생활의 격조로, 아름다운 문화로 다시 태어난다. |

## Story + Express Factor "대한민국 최초! 드라마틱 테마쇼"

· 씨네포엠적 영상과 짧은 나레이션으로 전체 이야기가 전개
· 감정과 내적 갈등 등 섬세한 감성의 표현을 필요로 하는 부분은 무용과 음악 연주, 영상쇼와 특수효과 등으로 연출되는 드라마구조의 종합 테마쇼

● 연출계획

| | |
|---|---|
| Text & Visual Factor | Cine-Poem(씨네포엠)적 영상<br>스틸 영상과 주제어 텍스트로 편집된 시적인 영상 |
| Audio & Visual Factor | Interactive Media Art<br>음악과 무용, 연주와 영상의 상호반응을 통한 일체화 |
| Graphic & Visual Factor | Fractal(프렉탈) Graphic<br>작은 구조가 전체 구조와 비슷한 형태로 확산되고 변화하는 과정의 그래픽 영상 |

## 3. Fractal(프렉탈)을 활용한 표현

"Fractal(프렉탈)이란 …"

작은 구조가 전체 구조와 비슷한 형태로 끝없이 되풀이 되는 구조. 즉 부분과 전체가 똑같은 모양을 하고 있다는 자기 유사성(self-similarity)과 순환성(recursiveness)의 속성을 기하학적으로 표현

- 연출계획

현재 속에서 살아 숨쉬는 생명력을 가진 하나의 연속체의 일부분인 이들 미시의 세계를 확대하고 변형함으로써 다른 의미를 지닌 전혀 새로운 구조를 형성해 가는 과정을 Fractal Art로 제작, 영상화

- 기본에 충실하되 그 기본을 다양하게 변화하고 확산시켜가는 도자예술의 21세게 패러다임을 표현
- 불의 천변만화를 표현하는 시각요소로 활용
- 예측하지 못한 다양한 변화들을 통해 기대감과 생동감 표현

## 4. Interactive를 연출

"Interactive Media Art"

현장에서 행해지는 기술과 사람의 상호작용을 통해 정체된 복제가 아닌, 살아 움직이고 서로 반응하는 예술로 주간행사 표현의 한계를 극복

- 연출계획

| | |
|---|---|
| 움직임에 대한 반응 | 모션픽쳐의 원리를 활용<br>무대 퍼포머의 동작과 영상의 일체화 |
| 소리에 대한 반응 | 음향 Effect 활용<br>청각을 자극하는 특수한 소리에 대한 시각적 반응 |
| 체온에 대한 반응 | 터치스크린 방식을 이용<br>사람의 체온에 따라 컬러와 문양이 형성 |

# III. 프로그램 계획



## 1. 행사 구성

**식전행사** 정화[淨化]

가마에 불을 지피기 전
가마를 정화시키고
도공의 마음을 닦는 의미연출

- 홍보영상 : 객석 입장 중 상영
- 테마영상 : 도공의 가마정화
- 공연
  : 벽사 검무 - 중요한 과업의 성공적 완수를 기념하기 위해 추는 춤(경기도립)
  : 오케스트라 공연(경기도립)

제막식

**공식행사** 고천[告天]

하늘에 제를 올리고, 불이 빛는
천변만화의 움직임 그 예측 불가능한
모험과 창조에 대한 설레임

- 개막 고지
- 공식 식순 진행 : 고천(告天)
  : 경기도지사의 개회사 - 고천문 낭독
- 드라마틱 테마 쇼 : 불의 연대기
  1장 - 불, 그 다름에 대하여
  2장 - 불, 千變萬化
  3장 - 사람과 불, 아름다운 진화를 향해
- 전시관 입장, 관람
- 도자 휘호쓰기
- 전통가마관람

**식후행사** 어울림

새로운 도자비엔날레의
시작을 맞이하는 기쁨을
표현

- 축하공연
- 행사종료

## 2. 무대와 객석구성

## 3. 식전 및 제막식

정화[淨化]
식전행사

| 항목 | 시간 | 내용 |
|---|---|---|
| 관객 입장 및 착석 | ~14:30 | · 관람객 착석 안내 |
| 홍보영상 상영 | 14:30~14:33(3') | · 1~4회 하이라이트 영상 상영 |
| 행사안내 | 14:33~14:34(1') | · 행사안내 |
| 테마영상 | 14:34~14:36(2') | · 불을 향한 도공의 마음을 실루엣 형태의 영상 촬영 |
| 新벽사 검무 | 14:36~14:39(3') | · 벽사 검무 - 중요한 과업의 성공적 완수를 기념하기 위해 추는 춤을 현대적으로 승화시킨 신 벽사검무 (경기도립예술단) |
| 오케스트라 공연 | 14:39~14:45(6') | · 오케스트라 축하연주 (경기도립예술단) |
| 제막식 | 14:45~14:48(3') | · VIP, 제막식 후 개막식장 지정좌석 착석 |

## 4. 공식행사

고천[告天]
공식행사

| 항목 | 시간 | 내용 |
|---|---|---|
| 이동 | 14:48~14:51(3') | · 제막식 인사, 개막식장으로 이동 |
| 개막고지 | 14:51~14:52(1') | · 개회고지 |
| 내빈소개 | 14:52~14:54(2') | · 초청내빈소개 |
| 국민의례 | 14:54~14:57(3') | · 국기에 대한 경례 · 애국가 제창 · 테너 임웅균 |
| 개회사 | 14:57~15:01(4') | · 경기도지사(이사장): 고천문 낭독 |
| 축사 | 15:01~15:04(3') | · 초청인사 |
| 축사 | 15:04~15:07(3') | |
| 시상식 | 15:07~15:17(10') | · 국제 공모전 시상식 |

| 주제공연 | 15:17~15:30 (13') | 드라마 테마쇼: 불의 연대기 |
|---|---|---|
| · 방향 | 불에 관한 스토리를 중심으로 현대무용과 비보잉 퍼포먼스, 타악 그리고 interactive 영상이 혼합된 국내최초 드라마 테마쇼 | |
| · 특징 | 쉽고 재미있게 이야기에 몰입<br>다양한 볼거리로 인한 강렬한 이미지<br>기존의 개막식과의 확실한 차별화 | |
| · 구성 | 상상발화(想像發話)<br>1장 - 불… 그 다름에 대하여… | #intro<br>#1. 유희의 불<br>#2. 갈등 |
| | 상상발화(上上發火)<br>2장 - 불… 千變萬化 | #3. 불의 천변만화<br>#4. 사람과 불의 어울림 |
| · 등장인물 | K: 다양한 불의 유희 속에 진정한 불의 의미를 발견하는 여자 주인공(표현: 여자 현대무용수)<br>아버지: K에게 불의 갈등을 시작하게 하는 상징적 인물(표현: 넌버벌 비보잉 마리오네트팀)<br>K의 선배: k에게 진정한 불의 의미를 깨닫게 해주는 인물(표현: 넌버벌 비보잉 마리오네트 1명)<br>*마리오네트란: 인형극과 같이 가면을 쓰고 공연하는 비보이댄스<br>기타: 현대무용팀, 풍물타악공연팀 | |

## 상상발화(想像發話) 1장 - 불… 그 다름에 대하여…

| | |
|---|---|
| # intro | 세상에 존재하는 다양한 불의 이미지 영상. |
| #1. 유희의 불 | 여성 바텐더 K는 손님 앞에서 현란한 손동작으로 멋진 칵테일을 선사한다.<br>그녀가 펼치는 칵테일 쇼의 마지막은 불쇼.<br>가녀린 손가락에 불을 붙이고 입으로 술을 내뿜으면 불기둥이 만들어지고, 층층이 쌓은 칵테일 잔에 불을 붙이면 불이 폭포수처럼 흘러내리기도 한다. |
| Tone | · 밝고 경쾌하고 신나는 분위기 |
| 출연자 및 공연내용 | · 여주인공(여성 바텐더 K-현대무용수)의 칵테일 쇼와 더불어 무용단의 흥겨운 댄스 연출 |
| 음악 | · 경쾌하고 다이나믹한 음악 |
| 영상 | · 중계 |

| | |
|---|---|
| #2. 갈등 | 그녀의 아버지는 서울의 마지막 대장간을 지키는 대장장이.<br>그녀의 아버지는 불을 유희의 도구로 사용하는 그녀를 탐탁지 않게 생각한다. 정직한 땀의 결실만이 사람을 살려내고, 땅을 살려내는 도구로 승화될 수 있다고 주장한다.<br>아버지와의 심한 갈등 끝에 K는 목숨처럼 소중하게 간직했던 칵테일 잔들을 아버지의 화덕에 집어 던지고 불 앞에서 끝없는 좌절에 빠진다.<br>풀무질이 더해질 때마다 투명하게 타오르는 불 속에서 깨어진 칵테일 잔의 표면에 천변만화의 문양이 생겼다가 사라지는 것을 발견한다 … |
| Tone | · 갈등과 긴장의 고조 |
| 출연자 및 공연내용 | · 아버지의 이미지를 대변하는 마리오네트 공연팀과 여주인(여성 바텐더 K-현대무용수)이 갈등과 긴장의 고조를 표현하는 현대무용과 넌버벌 비보잉 퍼포먼스 공연 |
| 음악 | · 갈등과 긴장의 고조를 표현하는 무겁고 강렬한 사운드 |
| 영상 | · 중계 |

## 상상발화 (上上發火) 2장 - 불, 千變萬化

| | |
|---|---|
| #3. 불의 천변만화 | K는 도자기를 굽는 선배의 작업실을 방문하고 그곳에서 선배로부터 불의 천변만화를 듣는다.<br>도자기를 빚고, 유약을 바르고, 그림을 그리는 것은 사람이지만 그것에 색을 내고 문양을 만들며, 자연스러운 균열의 무늬를 내는 것은 사람의 몫이 아닌 불의 역할이다.<br>도공이 바라본 산이 불의 조화를 만나면 거대한 성벽이 되고, 도공의 눈물은 회오리치는 바람이 되며, 빛나는 별은 눈부신 눈송이가 된다. 바르고 정연하게 자세를 잡았던 도자기가 불을 만나면 긴장을 풀어 놓은 편안한 모습이 되고, 매끄럽게 마무리한 표면엔 수만 갈래 강물을 흘린 듯 잔금을 만들어낸다. 사람은 흙을 빚었을 뿐이고, 불은 거기에 작은 우주의 모습을 새겨 넣으니 그 신비로운 예술이 도자기이다. |
| Tone | · 음악과 춤, 연주 등 다양한 퍼포먼스가 교차, 불의 다양한 이미지 표현을 위한 총체적 퍼포먼스, 드라마 테마쇼의 하이라이트로 Powerful & Dynamic 연출 |
| 출연자 및 공연내용 | · 넌버벌 비보잉댄스팀의 마리오네트 공연과 타악의 배틀 형식으로 공연 진행<br>· 춤의 동작에 반응하는 영상<br>마리오네트 공연팀의 동작에 따라 다양하게 변화하는, 프렉탈 이미지 영상과 타악공연팀의 무겁게 때론 힘찬 연주에 맞춰 변화하는 프렉탈 이미지 영상으로 불의 다양한 천변만화를 시각적으로 형상화하여 표현 |
| 음악 | · 밝고 경쾌한 음악, 슬픈 음악, 힘찬 음악 등이 교차하면서 다양한 불의 이미지를 청각적으로 표현 |
| 영상 | · Interactive Media Art : 모션픽쳐의 원리 활용 및 음악 effect 반응 센서 활용 |

| | |
|---|---|
| #4. 불, 사람, 그리고 생명 | 하지만 조금만 방심해도 불 앞에서 도자기가 속절없이 주저앉거나 거친 화염을 견디지 못하고 도자기 스스로 폭발하는 경우도 있다. 그것은 인간으로 하여금 욕심을 버리고 맑고 투명한 마음을 유지토록 하는 불의 경고에 다름 아니다.<br>그래서 도공들은 정성과 노력을 오로지 땀으로만 이야기 할 뿐이며, 불이 만들어주는 모험을 즐기는 어린아이 같은 순수성을 유지해야 한다. K는 아버지의 불을 생각한다. |
| Tone | 경쾌하고 밝은 분위기 |
| 출연자 및 공연내용 | · 여주인공(여성 바텐더 K)과 마리오네트 공연팀, 타악팀 등 전 출연진들이 어우러져 함께하는 군무<br>· 모든 출연자들이 다르게 또는 같게 어우러지다 하나씩 동작을 맞춰나가며 마지막 하나의 몸짓으로 마무리<br>· 객석참여: 도자기로 제작된 딱딱이로 소리를 내어 박자를 함께 맞추는 객석 퍼포먼스를 통해 사람과 불의 어울림에 동참 |
| 음악 | 다양한 장르의 음악들이 어우러진 퓨전음악(예: 가야금으로 연주하는 댄스곡) |
| 영상 | 불의 이미지 영상 |

| | | |
|---|---|---|
| 개막선언 세레모니 | 15:30~15:34 (4') | · 터치버튼, 기념촬영 및 세레모니연출, 이동 |
| 전시관 오픈 세레모니 | 15:34~15:38 (4') | · VIP 이동 / 테이프 커팅 및 세레모니 연출 |

| | | |
|---|---|---|
| · 방향 | 주제공연에 이어 도자예술에서 불이 갖는 의미와 비엔날레에서 불이 갖는 의미를 상징적으로 표현하여 연출 | |
| · 특징 | 무대를 넘어 무대상공, 도자센터까지 연계한 확장연출<br>단절되지 않는 스토리로 연결<br>기존의 개막식과의 확실한 차별화 | |
| · 구성 | 상상발화(常常發花)<br>3장 - 사람과 불! 아름다운 진화를 향해… | #5. 창조의 불: 개막선언 세레모니<br>#6. 불의 다짐: 전시관 오픈 세레모니 |

**상상발화(常常發花) 3장 - 사람과 불! 아름다운 진화를 향해…**

| | |
|---|---|
| #5.<br>창조의 불: 개막선언 세레모니 | '그럼 가마에 불을 지펴볼까?' K에게 불씨를 건내는 선배.<br>화면과 무대는 타오르는 불길로 가득해진다. |

● 연출계획

| #5-1. 터치버튼 | #5-2. 창조의 불 | #5-3. 발화(發花) |
|---|---|---|
| · VIP도열<br>· 사회자의 안내에 따라 터치버튼 작동<br>※ 터치버튼: 도자기로 제작된 구 형태 | · 무대 뒤 대형 영상<br>: 둥글고 붉은 불씨에서부터 가지가 뻗어 사방으로 퍼져나가고<br>: 중앙 불씨가 하늘로 솟구쳐 불을 내뿜을 때<br>· 무대 상공에 주간연화 연출 | · 전시관 중앙건물 상단에서 불꽃(花)을 연상시키는 형태의 대형 ABR이 생성<br>: 창조의 불이 만들어낸 도자예술의새로운 페러다임을 상징<br>· 중앙영상이 열리면<br>주요내빈 전시관 앞으로 이동 |

## 5. 전시관 오픈식

**#6. 불의 다짐** 전시관 오픈 세레모니

| 항목 | 시간 | 내용 |
|---|---|---|
| 테이프 커팅 | 15:34~15:38(4') | · VIP도열<br>· 사회자의 안내에 따라 테이프 커팅 |
| | | · 전시관 중앙건물 상단 꽃 모양의 대형 ABR에서 꽃가루 하강, 풍선 비상 |
| 전시관 입장 관람 | 15:38~16:08(30') | · 전시관 입장 및 작품 감상 |
| 도자 휘호쓰기 | 16:08~16:20(12') | · 휘호쓰기 |
| 전통가마 관람 | 16:20~16:30(10') | · 전통도자 소성작품 꺼내기 |

## 6. 식후행사

**환희[歡喜]**

새로운 도자비엔날레의 시작을 맞이하는 기쁨을 표현
좀더 젊어지고 대중과 가까워진 공연구성

1. 장윤정
2. 가야랑 : 가야금 반주에 트로트풍 노래를 부르며 전통과 현재를 아우르는 대한민국 1호 가야금 가수(TV프로그램 진실게임 및 스타킹 출연)
3. 사물놀이 & 비보이

페스티벌 강의노트

100℃로 올리는

페스티벌 기술

독창성과 기획이 만나다

# 8_

# Festival Marketing

FESTIVAL NOTE 100℃

## Festival Marketing의 중요성

축제가 공급자의 입장에서 기획되고 있다는 점. 이것은 결국 수요자중심의 마케팅 개념부족 때문이라 할 수 있다.

오늘날 마케팅은 영리를 추구하는 기업의 전유물이 아니라 축제조직과 지방자치단체 등과 같은 비영리조직에도 적극적인 도입의 필요성이 제기되고 있다.

따라서 아무리 훌륭한 지역축제를 만들어도 방문객이 외면하면 자신들만의 잔치로 끝나는 경우가 많다는 점에서 축제이벤트산업 측면에서도 마케팅의 도입이 절실하다.

## Festival Marketing의 효과 창출의 예

축제 간 또는 지역 간의 치열한 경쟁구도하에서 방문객을 더 유치하고 축제의 목표를 달성하기 위한 노력의 일환으로 축제마케팅이 더욱 강력한 수단으로 부상하게 되었다.

예를 들어, 함평 나비축제가 나비와는 별로 인연이 없는 지역인 데도 도심에서는 도저히 볼 수 없는 나비의 작은 날갯짓을 통하여 성공을 거둔 것은 축제마케팅의 효과였다고 할 수 있다.

## Marketing의 정의

| | |
|---|---|
| 미국마케팅학회(1985년) | 개인이나 조직의 목표를 충족시키는 교환을 창출하기 위하여 아이디어와 재화 및 서비스의 개념화, 가격결정과 촉진 및 유통을 계획하고 실행하는 과정 |
| 코틀러(Kotler) | 제품이나 가치를 창조하거나 다른 사람과의 교환과정을 통하여 소비자의 필요와 욕구를 충족시키는 인간활동이다. |

## 따라서 Festival Marketing의 정의는?

축제조직이 방문객의 필요와 욕구에 초점을 두고, 축제 프로그램, 가격, 촉진, 유통을 기획하고, 실행하는 전략

## Festival Marketing 사고 _ 이정학(2008)

● 마케팅지향적 사고란?

기업중심의 사고가 아니라 고객중심의 사고를 말하며, 단순히 판매량 증대를 목표로 하는 것이 아니라 고객만족에 의한 장기적 거래를 목표로 하는 것이다.

● 디즈니의 경우

- 기업측면의 관점: 우리는 테마 파크 시설을 갖추고 있습니다. 많이 오십시오.
- 마케팅의 관점: 우리는 판타지를 제공합니다. 고객의 욕구를 찾아내어 만족시킨 것이라 할 수 있다.(환상, 꿈, 즐거움 등)

## Festival Marketing의 과정

축제 마케팅의 궁극적인 목적은 축제조직이 지향하는 목표를 달성하는 데 있다.

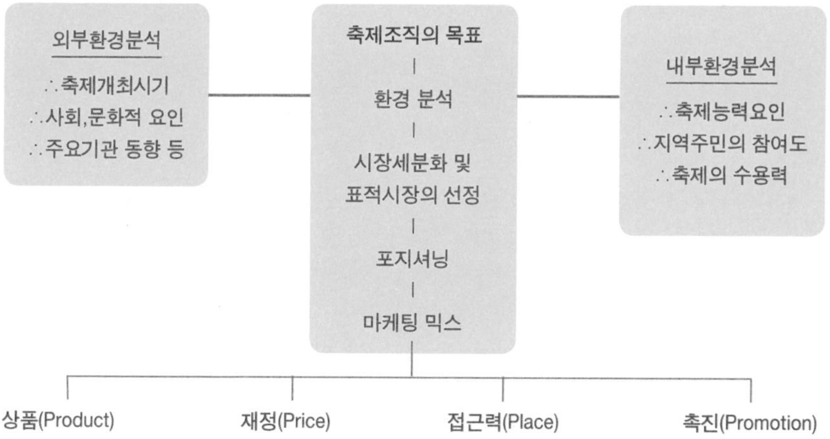

## TIP Festival Marketing 전략의 예

● 마케팅 전략 1 : 시장 세분화

· 대부분의 지역축제는 그 지역의 시민만을 대상으로 하는 축제가 아니므로 전국의 축제 참여를 희망하는 잠재관광객이 모두 유치의 대상이 됨에도 불구하고 이 점이 간과되어 효율적인 마케팅 성과가 드러나지 않고 있다.
· 마케팅전략의 실효성 향상을 위해서는 우선 시장을 세분화해야 한다.
· 전국 축제시장을 세분화한 후 개최하고자 하는 축제에 참여 할 수 있는 표적시장을 선정하고, 선정된 표적시장에 통합적 마케팅전략을 전개하는 절차를 거쳐야만 한다.

● 마케팅 전략 2 : 표적 시장의 선정

· 축제 마케팅의 첫 단계는 축제의 목표시장에 접근 가능한 미디어를 선택하는 일이다.
· 축제에 대한 모든 단위의 시장에 접근하기보다는 하나의 표적 고객층에 집중하여 마케팅을 하는 것이 효과적이다.
· 표적시장을 선정하면 주변의 교통, 숙박, 관광지 부흥과 연결이 가능해진다.
· 표적시장을 선정 할 때에는 일반적인 축제의 참여비율과 횟수를 토대로 시장성 추정을 하여 대략적인 표적시장의 규모를 예측해 낸다.
· 표적 고객층의 사회적 행동, 선호하는 활동을 파악해서 입장료, 공연시간, 음식과 음료의 선택 및 그 외의 부수적 활동 등 소비성향을 파악하는 것이 최우선 과제이다.
· 축제의 주 참여집단은 가족동반으로 축제 분위기를 즐기거나 자녀학습을 위해서 방문하는 경우가 많다.
· 일반적 여행 및 축제에 대한 참여욕구, 접근성을 중심으로 시장을 세분화하고 축제 참여 가능성이 높은 집단별로 표적시장을 단계적으로 설정하는 방법을 사용해야 한다.

## Festival Marketing의 4P 적용

| 4Ps | 의 미 | 축제에 있어서의 적용 |
|---|---|---|
| Product | 축제의 상품력 | ㅇㅇ축제, 축제 자체의 상품력 제고 및 축제성격 규정을 통한 브랜드화, 숙박, 음식, 자원봉사자 등 |
| Place | 축제의 접근용이성 | 지리적 위치, 교통관계, 공간구성 축제의 관광상품화 등 |
| Promotion | 축제의 촉진 | 광고, 홍보, DM, CI, 포지셔닝 등 |
| Price | 축제의 재정 | 스폰서십, 수익사업을 통한 수입과 지출에 의한 축제의 재정 정책 등 |

## Festival Marketing의 포지셔닝

축제이벤트 마케팅에서 대외적인 축제 이미지에 관련하여 핵심적인 것은 포지셔닝이다. 포지셔닝이야 말로 무수히 많은 축제이벤트 중에서 해당 축제를 방문자에게 어떻게 인식되어지게 하는가에 대한 문제이므로 해당 축제의 목적, 목표, 행사 내용 등을 포함한 모든 전략의 바탕이 된다고 할 수 있다.

## Festival 포지셔닝 전략수립절차

시장에서의 자사와 경쟁사의 현재 위치 파악

자사의 잠재적 경쟁우위요소 발견

고객에게 부각시킬 경쟁우위요소 선택

마케팅 믹스와 포지셔닝 문구 결정

경쟁우위요소를 고객에게 전달

필요에 따라 재포지셔닝

### 포지셔닝 전략수립원칙

1. 표적시장 고객의 마음속에 하나의 위치를 선택하라
2. 단순하고 일관된 테마의 메시지를 제공하라
3. 경쟁사와는 차별화된 위치를 목표로 삼아라
4. 고객에게 포지셔닝의 가시적 단서를 제공하라
5. 전사적으로 포지셔닝에 참가하라

## 슬로건을 활용한 포지셔닝의 예

· 슬로건(Slogan)이란?

본래 스코틀랜드에서 위급할 때 집합신호로 외치는 소리를 슬로건이라고 한 데서 나온 말이다. 오늘날 슬로건은 주의 및 주장 따위를 간결하게 나타낸 짧은 어구로서 '강령', '구호', '표어'로 나타낸다. 축제의 주제도 그 축제의 내용이나 지향하는 바를 슬로건을 통하여 함축적으로 표현할 수 있다.

| 소재 | 주요축제 | 사용기간 |
| --- | --- | --- |
| 부산자갈치축제 | 오이소! 보이소! 사이소! | 1996~ |
| 강진청자문화제 | 흙, 불 그리고 인간 - 한국의 미 | 2001~ |
| 화천 산천어축제 | 얼지 않는 인정, 녹지 않는 추억 | 2006~ |
| 김제 지평선축제 | 하늘과 땅이 만나는 오직 한 곳 김제로 오세요 | 2001~ |
| 보령머드축제 | 세계 속의 머드! 머드 속의 웰빙 | 2006 |
| 이천 쌀문화축제 | LOVE 미(米), 이천 쌀 | 2003 |
| 담양 대나무축제 | 푸른대 숲, 맑은 정신 | 2012~ |
| 하동야생차축제 | 왕의 녹차! 이젠 국민과 함께 합니다 | 2008 |

_ 이정학(2008) 내용에서 재구성.

## 슬로건의 작성원칙

- 축제의 고유한 매력과 독특함을 나타낸다.
- 관심과 흥미를 유발할 수 있는 단어를 사용한다.
- 함축적이며, 간단·명료해야 한다.
- 호소력 또는 상상력을 불러 일으켜야 한다.

## Festival Marketing과 포지셔닝 활용

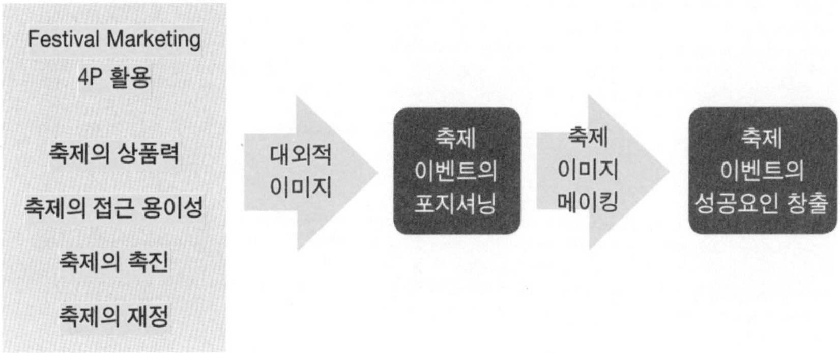

페스티벌 강의노트

# 8_

Festival Marketing

## 사 례 검 토 _

『제주지역 MICE산업 활성화를 위한 학술세미나』

# 제주지역산업박람회(EXPO) 활성화 방안

_ 출처: 『제주지역 MICE산업활성화를 위한 학술세미나』 제주지역 산업박람회(EXPO) 활성화 방안 발표자료, 제주관광학회, 2014.

FESTIVAL NOTE 100℃

## 제주지역 산업박람회 활성화는

제주의 꿈을 담아 지속적인 MICE산업의 산업박람회 육성은 지역경제활성화 및 미래비전을 펼칠 수 있는 좋은 소재입니다.

## 먼저, 제주지역 산업박람회를 위한 Upgrade전략을 생각해봅니다.

특히 관광산업에 대한 기본적인 이해와 현황에 대한 분석을 가지고 접근할 필요성이 제기됩니다.

# 한국관광산업 및 외래관광객 현황분석(1)

### 개별관광객의 증가

개인적 체험 및 선호 아이템 선택기회 확대로 SIT 홍보마케팅 강화필요

**여행 유형**

(단위: %)

| 구 분 | 2012년 | 2011년 | 2010년 | 2009년 | 2008년 |
|---|---|---|---|---|---|
| 개 별 여 행 | 64.4 | 65.0 | 62.6 | 62.4 | 66.1 |
| 단 체 여 행 | 25.3 | 26.5 | 26.9 | 26.7 | 25.5 |
| Air-tel | 10.3 | 8.5 | 10.6 | 10.9 | 8.4 |

주: 「외래관광객 실태조사」에서는 유사한 응답으로 인한 결과 왜곡을 방지하기 위해서 단체여행객의 규모에 따라 동일 패키지 참가자 중 최대 4명까지만 조사하고 있음. 따라서 여행 유형 결과는 우리나라 전체 방한외래객의 여행 유형 비율을 의미하는 것은 아님

### 주요 방한 목적

쇼핑 ▶ 여가 · 위락 · 휴가 ▶ 뷰티 · 건강 및 치료

**성별/연령/방한목적/방한횟수별 동반 방문 비율**

(단위: %)

| 성별 | 전체 | 남성 | 여성 |
|---|---|---|---|
| 동반 비율 | 66.0 | 55.8 | 75.3 |

| 연령 | 전체 | 15~20세 | 21~30세 | 31~40세 | 41~50세 | 51~60세 | 61세 이상 |
|---|---|---|---|---|---|---|---|
| 동반 비율 | 66.0 | 67.4 | 66.7 | 66.5 | 64.7 | 64.9 | 64.0 |

| 방한목적 | 전체 | 여가/위락/휴가 | 뷰티/건강 및 치료 | 종교 및 순례 | 쇼핑 | 친구/친지 방문 | 사업/전문 활동 | 교육 | 기타 |
|---|---|---|---|---|---|---|---|---|---|
| 동반 비율 | 66.0 | 86.4 | 67.2 | 56.0 | 92.4 | 37.0 | 38.2 | 34.7 | 81.2 |

| 방한횟수 | 전체 | 1회 | 2회 | 3회 | 4회 이상 |
|---|---|---|---|---|---|
| 동반 비율 | 66.0 | 73.2 | 63.0 | 59.2 | 48.0 |

_ 출처: 2012외래관광객 실태조사(2013, 문화체육관광부).

# 한국관광산업 및 외래관광객 현황분석(2)

## 주요 방문지역

서울 · 경기 순이고, 제주는 12.0%(4위)

**한국 여행 중 방문 권역**

(중복응답, 단위: %)

| 구 분 | 2012년 | 2011년 | 2010년 | 2009년 |
|---|---|---|---|---|
| 서울권 | 82.5 | 79.7 | 80.3 | 77.4 |
| 경기권 | 21.3 | 23.8 | 37.6 | 37.2 |
| 인천권 | 7.7 | 9.0 | | |
| 경상권 | 16.1 | 19.3 | 20.9 | 20.9 |
| 제주권 | 12.0 | 10.2 | 13.1 | 12.4 |
| 강원권 | 9.7 | 11.1 | 11.9 | 11.2 |
| 전라권 | 4.1 | 3.9 | 5.8 | 4.1 |
| 충청권 | 4.1 | 5.1 | 7.2 | 6.3 |
| 기타 | 0.3 | 0.7 | 1.2 | 1.7 |

주 1) 2010년 조사까지는 "경기권" 내에 "인천"을 포함하여 조사하였으나 2011년 조사부터는 "인천권"과 "경기권"을 분리하여 조사하였음
2) 2011년 조사시 방문지 항목이 변경되었기 때문에 연도별 비교시 주의가 필요함
3) "기타" 항목은 권역 구분이 불가능한 응답을 의미함(예: 산, 박물관 등)

## 제주 주요 방문지역

성산일출봉 ▶ 제주민속촌 ▶ 용두암 ▶ 한라산 순

**연도별 제주지역 방문지**

(중복응답, 2012년 상위 10위 기준, 단위: %)

| 구 분 | 2012년 | 2011년 | 2010년 | 2009년 |
|---|---|---|---|---|
| 성산일출봉 | 63.2 | 57.1 | 65.4 | 68.5 |
| 제주민속촌 | 61.2 | 67.0 | 2.6 | 2.1 |
| 용두암 | 56.1 | 52.1 | 3.8 | 3.4 |
| 한라산 | 45.1 | 36.1 | 51.0 | 46.5 |
| 중문관광단지/서귀포 | 40.4 | 49.1 | 51.3 | 54.1 |
| 제주올레길 | 20.7 | 12.7 | 0.0 | - |
| 섭지코지 | 20.5 | 38.2 | 3.4 | 6.3 |
| 거문오름용암동굴계 | 18.8 | 24.0 | 22.4 | 28.2 |
| 우도/마라도/추자도 | 15.7 | 18.1 | 17.0 | 13.4 |
| 도깨비도로 | 1.4 | 0.5 | 0.8 | 0.7 |

주: "제주민속촌", "용두암", "섭지코지", "제주올레길"은 2011년 조사에 새롭게 추가된 항목임 2010년까지의 수치는 "기타" 항목에 주관식으로 응답한 결과임. 따라서 연도별 비교시 주의가 필요함

_ 출처: 2012외래관광객 실태조사(2013, 문화체육관광부).

## 제주도와 산업박람회의 관광산업 경쟁력 이해

- 관광산업 경쟁평가
  - 외생요인: 순수기회요인
  - 내생요인
    - 외부요인: 금융 정부 국내 경제 및 정치 그리고 과학기술형성
    - 내부요인: 관광인프라, 환대자원, 경영수요 및 유통구조의 관광산업

## 제주도의 산업박람회 유치를 위한 경쟁력

**국제도시기준 마련**

- 해외홍보활동 · 국제협력 및 국제교류 정도
- 외국인 및 외래관광객 수용태세
- 국제행사 및 외국인 투자유치 등 국제활동

**박람회 경쟁력강화**

- 연간 투입예산박람회(축제) 전문인력확보
- 자생력(소요예산, 직접수입+주민관광수입)
- 관광인프라(교통 · 숙박 · 먹거리 등)

\+

- 프로그램 및 규모의 확장성
- 소비자 중심의 STP전략(시장 · 프로그램 별)
- 해외 홍보 강화

## 이젠, 산업박람회를 위한 발전 기본방향을 생각해봅니다.

### 목적과 목표 도출

가치 창출 제주도의 산업과 지역 관광 인프라를 집중 세일즈하는 구심점

가치 확산 지역적 특색을 살린 제주도의 차별화된 자리구축과 확산

성장 견인 제주도의 산업을 기반으로 한 제주도의 위상 제고

### 1. 미래관광 7대 트렌드

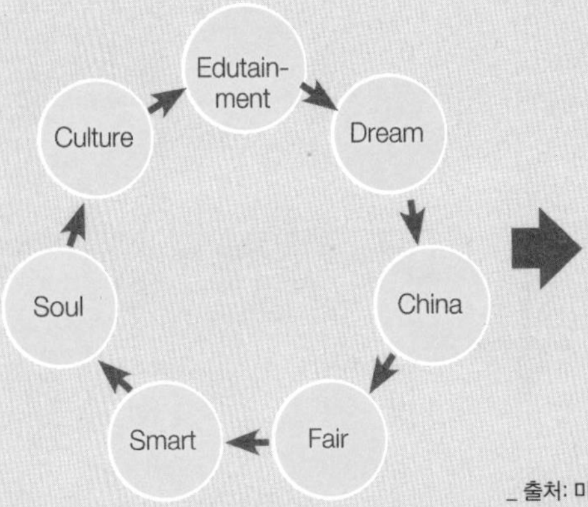


Culture 문화와 미디어 등 대중문화의 영향
Edutainment 체험 학습관광
Dream 상상 그 이상의 체험요소 제공
Soul 힐링, 치유관광
Smart SNS 등 활용
Fair 공정관광, 환경, 지속 가능한 관광
China 관광시장의 Big power 등장

_ 출처: 미래관광의 7대 트렌드와 대응방안(삼성경제연구소, 2011)

제주 상황 국제자유도시 종합계획에서 문화예술의 활성화, 휴양형 국제관광 자유도시 실현을 발전목표로 상정: 관광지 정비 및 개발 관광인프라확충, 관광진흥 · 관광조직개편 관광시장 확대 등을 전략으로 제시

_ 출처: 제주특별자치도/제주국제자유도시 추진에 따른 경제적 성과분석(한국개발연구원, 2013).

## 2. 지속 가능한 관광의 국제 산업박람회

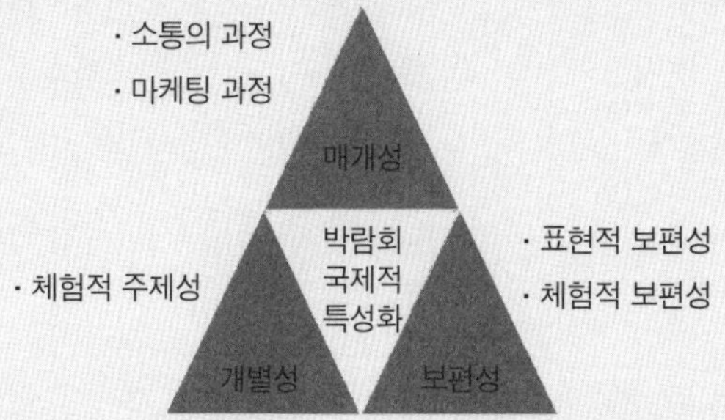


_ 이훈(2013)

국제화는 세 요소로 구성

- 전제요소: (보편성+개별성)
  축제체험을 통한 내재적 발전
- 설득요소: (매개성)
  국제적 소통으로서 마케팅

**지속 가능한 관광(Sustainable Tourism)**

경제적 효율성과 환경보전을 결합환경을 훼손하지 않는 범위 내에서
관광경제에 지속적 성장을 보장하는 개발방식
원칙: 경제적 지속성(효율성), 환경적 지속성(보전), 사회문화적 지속성(형평성)

**성공적인 지속 가능한 국제박람회 발전과제**

- 지역사회 중심의 개발
- 소프트웨어 중심의 개발
- 지속적인 수요 확보 및 타당성있는 수익모델 선정
- 재원확보 및 효율적인 집행
- 추진주체의 조직화, 리더의 양성
- 주민참여 및 이해관계자간 협력 강화
- 환경친화적 자원의 이용과 관리

## 3. 박람회에 대한 지역사회 및 지역주민의 반응과 평가

이벤트(박람회)에 대한 지역주민의 반응항목

| | |
|---|---|
| 편익 | · 거주지역 자부심<br>· 공공시설 개발 유지보수<br>· 이벤트(박람회) 관람기회 및 인적 교류 활성화<br>· 지역사회 좋은 여론 및 관광투자 유치 기회 확대<br>· 관광객 지출 고용창출 등 지역경제활성화 |
| 비용 | · 사람들의 부적절한 행위<br>· 상품서비스 임대비용 증가<br>· 부정적 환경효과<br>· 지역사회의 불균형한 비용편익<br>· 이벤트(박람회)비용 과다지출<br>· 교통정체 및 지역주민 삶의 불편 초래<br>· 공공시설 폐쇄로 혼잡과 사용제한 |

_ 출처: Fredline, Liz and Deery, Margaret and Jago, Leo Kenneth(2006).

· 박람회 비즈니스 모델 개발이 중요

제주 주민에게 긍정적인 정서적, 경제적 효과를 가져오는 지속적인 수요확보 및 타당성 있는 제주도민에게 균등한 수익과 비용이 배분될 수 있는 이벤트(박람회) 비즈니스 모델 개발이 중요하다.

· 참여와 협력이 발전에 필수

제주도민에게 도민참여 및 이해관계자간 협력강화가 향후 박람회 개최 및 발전에 필수이다.

· 제주 주민의 삶의 긍정적인 영향이 필수

이벤트(박람회)의 피상적 파급효과가 아닌 직접적인 제주도민 삶의 질에 미치는 효과와 영향 요인 등의 분석으로 분야별 개선방안을 도출하여 박람회가 계기가 될 수 있도록 제주의 혁신적 발전을 강구해야 한다.

## 4. 창조 경제 · 관광의 박람회

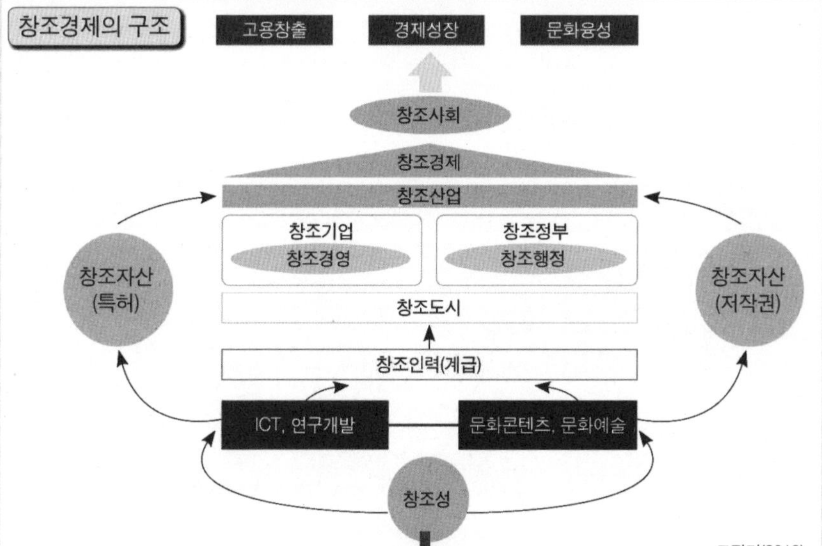


_ 고정민(2013)

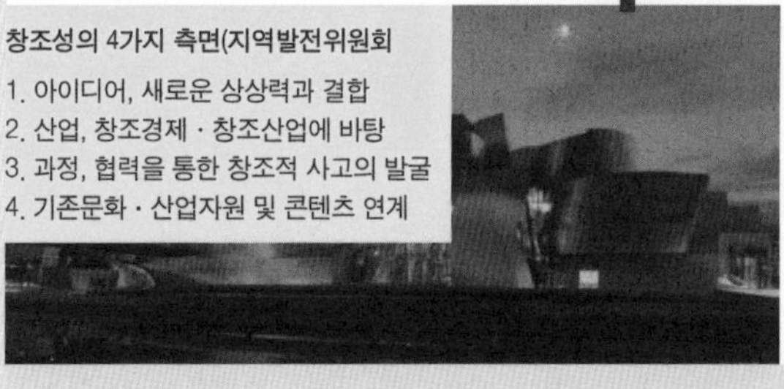

**창조성의 4가지 측면(지역발전위원회**

1. 아이디어, 새로운 상상력과 결합
2. 산업, 창조경제 · 창조산업에 바탕
3. 과정, 협력을 통한 창조적 사고의 발굴
4. 기존문화 · 산업자원 및 콘텐츠 연계

창조관광은 기존 관광산업과 연계 창조성 · 혁신성 · 개방성 · 기술성 등을 기반으로 새로운 가치와 시너지효과를 확대하고 서비스산업과 타 산업간의 융합을 통해 관광분야 일자리를 창출함으로써 관광산업의 혁신을 주도(자료 한국관광공사, 2013).

창조경제와 창조관광이 결합하여 시너지를 창출할 수 있는 산업박람회의 가치 표출로 창조도시를 구현하고 제주도의 경쟁력 강화와 창의적 일자리 창출 및 환경친화적, 사회통합의 역할 수행이 가능하다.

그렇다면 어떻게 해야 할까요? 무엇을 제시해도 아쉽고, 부족할 수 있습니다.
그렇지만 다시 한번 생각해 보고, 이런 점을 고민해 보았습니다.

## 세계적인 지역축제 성공요인은

| Sapporo Snow Festival | Oktoberfest | Rio Carnival |
|---|---|---|
|   |  |  |
| 단일 축제로서의 매력, 관광객의 욕구충족 프로그램, 다양한 콘텐츠 구성, 자연스런 TV의 홍보효과, 지자체와 주민의 적극적 참여(시민대표 100명) | 축제전담인력운영, 충분한 준비기간, 민간과 관의 확실한 자율적 업무분장, 축제를 통한 경제효과 극대화 노력, 임대의 효율성과 다른 재원 마련, 직접참여와 체험(소비)하는 행사내용. | 매년 테마의 변화: 퍼레이드에도 스토리가 있음.<br>자국민의 적극적 참여와 관심, 문화적 보편, 개방성이 강함, 홍보전략과 전술이 세계적 |

세계적인 지역축제의 성공요인은 축제의 명확성, 기반성, 집객성, 개념의 명확화, 추진 주체의 건실성, 참신한 홍보 및 관람객 유치, 관광객을 위한 서비스 시스템 구축, 지역적 특성의 특화가 있다.
따라서 제주의 산업박람회는 **'하드웨어+소프트웨어+참여자'의 구성요인**이 유기적으로 결합하여 시스템 구축 등이 필요하다.

### 1. 세계적 산업박람회로 성장을 위한 단계별 목표설정

핵심주제 및 확장가능 아이템 단계별 선정 및 발굴과 핵심 Target층 설정(외래관광객 유치를 NTO와 협업 강화)

### 2. 자원의 확보(재정적 자원+인적 자원)

박람회의 독립적 운영을 위한 수익프로그램과 이벤트전문성인력확보(전문가육성을 위한 교육 및 보직관리, 국제적 인력활용)

### 3. 프로그램 및 콘텐츠의 지속가능성과 확장성

핵심 Target층에 어필할 수 있는 시간적, 공간적 공간제공 및 새로운 이벤트 수요에 대응하는 콘텐츠 개발(융합적)

### 4. 세계화를 위한 해외홍보 및 국제협력

전 세계 이벤트(박람회)의 보편성을 충족이 필요하며 수요조사를 위한 Global program개발과 해외박람회 벤치마킹과 제휴

# 제주지역 산업박람회(EXPO) 포지셔닝은

## 제주 산업박람회는 글로벌, 창조화 지향으로 포지셔닝

_ 국제적인 창조도시로 지향하고, 박람회를 통한 한류조성 필요

_ 제주의 특성을 살린 글로벌 지향박람회이면서 문화 및 창조적 위상 정립하여 대한민국 대표적인 MICE산업도시로 부상이 필요

_ 재방문률 향상과 중국관광객 유치를 목표로 포지션을 정립

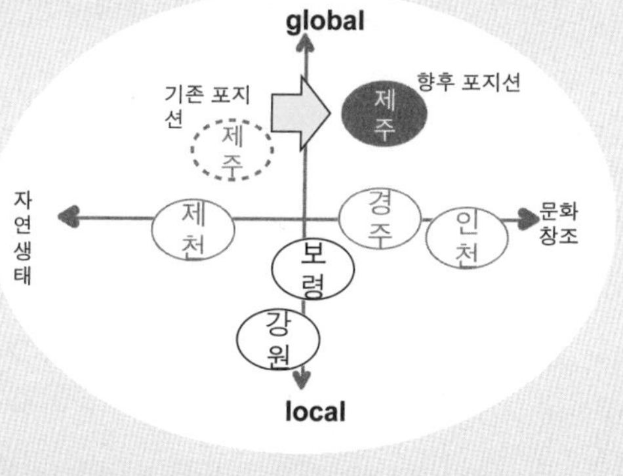

## 제주지역 산업박람회(EXPO) 활성화를 위해 해야 할 것들

1. 세계화・국제화를 위한 단계 도약을 위해 내・외부 자원확보가 필수
   정부지원+자생력 확보(수익프로그램 개발)+인적자원유성과 확보
2. 관람객 유도를 위한 Big Event 개발과 적극적 유치
3. 창조도시(창조경제+창조관광)로 성장할 수 있는 박람회 개최
   창조경제의 창의성-새로운 생산요소-시장과 일자리 창출: 제주도민의 삶의 질 관점에 접근
4. 유관기관의 협력(정부기관+기업+고객관리)

현 시점에서, 제주도의 산업박람회(EXPO)의 활성화를 위하여 그리고, 타 지역 유사 행사보다 돋보이고, 대한민국 나아가 세계 속의 제주도에 대해서 생각해 본다면 … 모든 것들이 잘 준비되고, 진행도 잘 할 것 같습니다.
그러나 가장 큰 문제는 **예산**이었습니다.
꾸준하며 지속적이고, 전폭적인 예산 지원은 제주도가 박람회를 통해 국제적 창조 도시로 발전할 수 있는 활성화에 핵심일 것입니다.

## 제주지역 산업박람회(EXPO) 활성화를 위한 제언

1. 도시마케팅에 의한 차별화 전략 추진
도시를 남과 다른 차별화된 매력적인 상품으로 만들어 주민, 관광객, 기업 등으로부터 사랑 받고 관계를 맺기 위한 것이다. 제주도의 개성을 지니고, 역동성을 보이며, 경쟁력있는 고유한 브랜드를 갖는 것의 기본에서 다시 도약하자.

2. 더욱 적극적인 민·관 합작 추진
신뢰성과 추진력 면에서는 관을 능가할 조직이 없는 반면에 순발력이나 창의력은 민간이 훨씬 높다. 관과 민이 함께하는 공동 마케팅은 광범위하게 적용될 수 있으며 시간적, 경제적 비용을 절감할 수 있다. 그만큼 사업에 대한 위험 부담도 줄일 수 있다.

## 그런데 박람회라고 하는 것은

미래의 모습을 그린다.
그리고 삶에 대한 새로운 생각, 도시 설계에 대한 새로운 개념, 모든 종류의 새로운 기술이 연이은 박람회에서 소개되었다.

_ 출처: Anna Jackson(2008), EXPO: 마크 존슨 빅토리아앨버트 박물관장의 말 인용.

위 사항 전제하여 다음의 유의할 점을 제시합니다.

## 제주지역 산업박람회(EXPO) 활성화를 위한 유의사항

1. 좋은 테마를 빨리 선점하자.
2. 남을 따라 하지 말자.
3. 너무 문화에만 빠지지 말자.
4. 창조도시로 구축할 수 있는 전략과 마케팅을 개발하자.
5. 재미가 없으면 안 된다.

_ 출처: 광고정보 2008. 10월호에서 재구성.

페스티벌 강의노트

# 100℃로 올리는 페스티벌 기술

독창성과
기획이
만나다

# 9_

# 축제 홍보마케팅

FESTIVAL NOTE 100℃

## PR이란?

퍼블릭 릴레이션(Public Relation)의 약자이다. PR은 말 그대로 직역하면 '공중과 관계맺기'가 된다. 우리나라에서 PR온 홍보라는 말로 자주 불린다. 홍보(弘報)라는 말은 직역하면 '널리 알리기'가 되는데 이는 공중과의 관계 맺기에 비해서는 의미가 크게 축소된 것이다. PR에 대한 개념이 불분명하고, 개인에 따라 그 이해에 차이가 나는 것은 바로 이러한 용어상의 혼란 때문이다.

## PR과 유사한 개념들

· 선전(宣傳)

어떤 확실하지 않은 가치나 주장을 특정한 지역이나 시기에 인간의 감성적인 면에 호소하여 많은 사람들을 설득하려는 노력

· 광고(廣告)

알려진 광고주가 상품이나 서비스, 아이디어를 유료로 비개인적인 매체, 즉 대중매체를 이용하여 제시하거나 팔리도록 하는 것.

· 교화(敎化)

사상이나 신념 등을 지속적인 반복에 의해 상대에게 주입시키는 노력이며 세뇌적인 작용에 의해 그 가치체계를 바꾸는 노력이기도 하다.

· 홍보(弘報)

PR의 한 수단. 신문이나 TV, 잡지 등에 기사가 실리도록 해 조직체나 개인에 관한 어떤 사실을 알리도록 하는 전략적 노력.

## 용어의 차이

- PR(Publicity Relations) 공중과 관계 맺기

- 홍보(Publicity) 널리 알리기

현대 PR에서는 퍼블리시티에 대한 의존에서 벗어나 PR 광고나 이벤트, 지역관계 개선 등 다양한 전략들이 개발되고 있다.

## TIP 매체별 장점과 단점

| 구분 | 장점 | 단점 |
|---|---|---|
| TV | 높은 영향력, 방문객의 매체선호성 양호, 필요할 때의 스케줄, 빠른 인지 속도, 협찬 선정 용이, 상품화 가능 | 높은 제작비, 고른 전달의 미비, 직설적인 개입 |
| 라디오 | 저렴한 광고비, 방문객의 매체 선호성 좋음, 필요할 때의 스케줄, 다양한 광고 길이, 개성 있는 광고 가능, 시장의 상황에 맞출 수 있는 광고 | 피고드는 성향이 약함, 소규모의 청취층, 시각적 영향력이 없음, 도률률 높이려면 고비용 지불, 청취자의 유동성이 높음 |
| 잡지 | 방문객의 매체 선호성 좋음, 편집진과 제휴, 긴 광고 수명, 광고를 보는 많은 독자, 훌륭한 컬러, 최소한의 낭비, 상품화 가능 | 광고 효과 나타나기까지 장기간 소요, 열독률 축적이 느림, 고르게 전달이 안됨, 지역 또는 인구통계학적 편집을 위한 고비용 |
| 신문 | 대규모 독자층, 즉각적인 도달률, 광고 효과 나타나기까지 짧은 시간 소요, 시장의 유연성, 양호한 규모의 독자분포 | 세분화된 목표 방문객 선정의 어려움, 낭비성(많은 사람에게 쓸모 없는 경우), 다양한 용도에 따른 비용, (광고의) 위치 선정의 어려움, 독자층 유동성 |
| 인터넷 | 높은 선별가능, 적은 비용과 즉시성, 상호작용 가능성 | 인구통계학적 측면에서 방문객 불균형, 상대적으로 작은 영향력, 청중이 노출을 통제함 |

## TIP 웹마케팅 캠페인 구축을 위한 7P

마이크로소프트사의 e-비즈니스 개발담당자인 케빈(Kevin Dolan)은 전통적인 마케팅 5P(product, price, place, promotion, positioning)를 응용하여 한 단계 발전시킨 웹 마케팅을 고안했다.

| | |
|---|---|
| 나타나 있을 것(presense) | 웹사이트에 고정물로 나타나 집중시키는것 |
| 즐겁게 할 것(pleasing) | 고정물이 고객의 눈을 즐겁게 할것 |
| 개별화할 것(personalized) | 개별화를 통해 관객과의 관계를 발전시킬 것 |
| 매매할 것(purchase) | 온라인 상업활동을 전개할 것 |
| 처리할 것(process) | 핵심사업시스템은 인터넷사이트를 통합시킬 것 |
| 파트너십을 확대할 것(partnership) | 관계분야는 항상 연결될 수 있을 것 |
| 가변성 있는 프로그램(programmable) | 웹사이트는 마케팅에 쉽게 변화시킬 수 있을 것 |

## 홍보마케팅이란?

CPR(corporate PR)

전통적인 개념의 PR

직접적인 마케팅 지원보다는 공중 전체를 대상으로 기업의 전반적인 이미지와 위상을 높이고자 하는 일반적인 방법

MPR(Marking PR)

회사의 마케팅을 돕는 데 주력하는 현대적 개념의 PR

목표를 주로 회사의 제품이나 서비스를 팔기 위한 마케팅을 지원하는 것에 둔다.

대중 커뮤니케이션 채널을 이용하는 PR

## 한국은 지금 '축제 중'

- 전국 지역축제는 1,776개
  (자료: 한국지역축제 조사평가 및 개선방안 연구, 문화관광부, 2006).
  96-00년: 358개 신설
  01-05년: 394개 신설
- 전국 시·도별 축제는 752개이며, 서울(108개)로 가장 많다.
  (자료: 2013년 문화체육관광부 발표기준).
- 주민화합축제, 문화관광축제가 72% 차지

## 그러나 축제이벤트 홍보 위상은 어떨까?

- 축제 예산 편성에 있어 제일 뒷전이다.
- 예산을 축소할 경우, 첫 번째 감축 대상이다.
- 축제에 문제가 생기면 홍보 탓이다.
- 홍보 전문가 부재 및 이해도가 부족하다.

## Festival의 커뮤니케이션 전략수립 절차

커뮤니케이션 전략수립절차 →

- Festival시장의 상황분석
- 커뮤니케이션 목표수립
- 표적방문객 설정과 메시지 개발
- 예산분배와 효과측정

## 홍보 과정

| | |
|---|---|
| 목적 설정 | · 뉴스가치가 있는 사실을 널리 알리고자 할 때<br>· 축제의 기획이 완성되어 공식적으로 언론에 알리고자 할 때<br>· 특별히 초청된 공연을 알리고자 할 때<br>· 축제가 예년에 비해 확장되었거나 변화가 있을 때 |
| 계획 | 홍보 목적의 설정에 따라 체계적인 계획을 수립한다. |
| 실행 | 계획된 홍보전략을 수행하기 위해 매체와 좋은 관계유지는 물론 그들이 무엇을 원하는지 그에 알맞은 보도자료를 마련한다. |
| 측정 및 평가 | 축제에 대한 인지 정도, 이해, 태도에 어떠한 변화가 이루어졌는지 조사하여 향후 홍보전략에 대한 대안을 마련한다. |

## Festival 홍보 담당자의 역할

| | |
|---|---|
| 대변인 | · 소속된 기관이나 단체를 대표해서 공식적인 입장을 대변한다.<br>· 중요한 사건 외에는 대부분의 홍보역할을 담당한다.<br>· 순발력, 판단력이 중요하며 확인되지 않은 사항은 섣불리 말하지 않는다.<br>· 축제가 예년에 비해 확장되었거나 변화가 있을 때 |
| 영업사원 | · Festival에 대해 가장 정확하고 객관적인 정보를 가지고 있어야 한다.<br>· 공식적인 것뿐 아니라 비공식적으로 알려지지 않은 내용까지 꿰뚫고 있어야 한다.<br>· 다른 경쟁사와의 장 · 단점을 비교할 수 있어야 한다.<br>· 다양한 분야의 전문가들과 인적 네트워크를 통해 정보를 교환하는 것도 안목을 가져야 한다. |

## Festival 홍보 담당자가 가져야 할 덕목

1. 뉴스가치의 객관적 판단력

뉴스가치가 있는지, 시의성이 있는지, 그림이 되는지를 곰곰이 생각해보라.

2. 문제 조절 능력

스스로 해결사임을 자처하라. 문제가 발생했을 경우 반드시 현장에서 그 사실을 확인해야 해결책을 찾을 수 있음을 명심해라.

3. 문장력과 발표력

정확한 사실에 기초해 작성된 보도자료는 읽는 사람에게 신뢰감을 준다. 전달하고자 하는 내용이나 주장하는 의견이 객관적인 사실에 근거하여 차분하게 설명한다. 자신감있는 의사소통 능력은 대단히 중요하다.

4. 활발한 성격과 친절한 자세

기자와 좋은 인간관계를 유지할 수 있다면 더욱 효율적인 의사소통이 가능하다.
언론에 보도된 기사로 큰 도움을 받았을 때 고맙다는 인사를 절대 잊지 마라.

## TIP Festival 홍보관리 업무 구분

| 업무구분 | 세부구분 | |
|---|---|---|
| 대 언론홍보 관리 | 제작과정참여, 협의 | 기획스태프(내부 직원 중심)<br>연출스태프(연출가 등 외부인사 중심) |
| | 보도자료 작성 및 배포 | 사전연구(도서, 영상물, 행사관람)<br>보도자료 작성 및 배포 |
| | 홍보 Follow Up | 연습참관<br>본 행사참관 |
| | 사후 홍보 결과물 관리 | 리뷰 유도<br>신문기사 스크랩, 방송보도 모니터링<br>인터넷 모니터링 |
| | 기자간담회 | 언론사 반응 모니터링<br>행사 및 사업별 기자간담회(팸투어 진행)<br>기관장, 위원장, 감독 등 기자간담회 |
| 언론사 유대 관리 | 일상적인 정보 및 자료제공 | |
| 홍보매체관리 | 온라인(인터넷, TV, 라디오, 케이블 등), 오프라인(신문, 잡지 등) | |
| 견학관리 | 공간안내(VIP의전 등) | |
| Festival이미지 관리 | 홍보물 제작 및 배포(원고작성, 사진촬영, 디자인, CI, EI 등 관리 | |

_ 서울문화재단(2008)

## MPR을 위한 다양한 수단

* 4대 매체

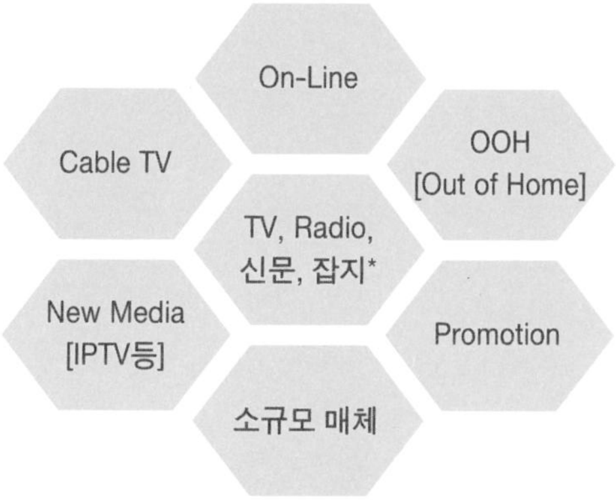

## 축제이벤트 홍보마케팅 방안은?

1. 홍보예산의 비중을 분석, 효율화 도모
2. 홍보는 적어도 행사 1개월 전에 집중
3. 축제의 화제거리를 발굴
4. 다양한 Tool을 활용
5. 사전 꺼리를 만들어서 활용
6. 기업의 스폰서 유치
7. 주관방송사를 연계
8. 늘 새로움을 끊임없이 개발

### 1. "첫째, 홍보 예산의 비중은? 절대 금액은?"

- 홍보 예산의 여유가 있다면 '대규모 매체'를 활용
- '비용 효용성'에 따라 홍보 매체의 우선 순위 결정
  ex) 신문 vs 인터넷
- 꼭 집행해야 하는 매체는 있는가?

### 2. "둘째, 행사 시점 1개월 전 또는 15일 전부터 집중하라"

- 관람객들은 보통 1주일~15일전에 관람 여부를 결정
- 시기별, 단계별 홍보 전략의 비중을 고려
  ex) 2012 여수엑스포

### 3. "셋째, 행사의 독특하고 신선한 Issue(화제거리)를 발굴하라"

- 언론과 방송은 같은 내용을 2번 기사화하지 않는다: 최초성, 신기성, 유명성, 특이성, 신선함, 흥미성을 기사화
- 프로그램 자체, 특별하고 희소성 있는 Item 발굴
  ex) 제천한방엑스포 아마존 관(KBS방송 원주민, 말로까 현지초청), 최초 우주인 선발프로젝트(신세계 정재은 명예회장)

### 4. "넷째, 소규모 매체 및 다양한 홍보 수단을 활용하라"

- 고가의 대중매체 광고보다 'News release' 위주
- 소규모 매체: 교통광고, 육교광고, 포스터, 플랜카드 등
  ex) 고령대가야축제: 명함크기 안내장
- 인적 활동: 홍보대사, 지역 홍보단, 출향인사 등
- 다양한 매체 활용: 인터넷, OOH (out of home) 등

## 5. "다섯째, 사전 홍보이벤트를 적극 활용하라"

· 집객 대상은? 지역 주민 vs 외래 관광객

· 잠재 방문객이 많은 지역을 직접 공략

ex) 고령대가야축제: 서울 인사동 남인사 마을에서 퍼레이드, 산청전통의학엑스포: 조직위원회 발대식(서울 프라자 호텔 개회)

## 6. "여섯째, 기업 스폰서십을 끌어 들여라"

· 지역연고 기업, 소재 연관 기업 등

· 지원 개념 vs 마케팅 개념

· 다양한 형태로 유치

_ 지급형태: 현물, 현금, 광고 등

_ 참여규모: Main, Sub 등

* 휘장사업: 공식스폰서, 공식공급업자, 공식상품업자

## 7. 일곱째, 가능한 주관 방송사를 활용하라"

· 방송 매체의 위력은 가장 강력하다: TV 〉 인터넷 〉 신문 〉 잡지

· 주관 방송사의 선정시 고려사항: 홍보 시간 및 회수- 관련 프로그램 취재 및 방영 등

* 주관 언론사

## 8. "마지막으로, 새로운 방법을 끊임없이 찾아라"

· 기존의 홍보마케팅 수단만 고집하지 말자

· 저비용, 고효율의 아이디어를 항상 고민하자

· 他山之石: 다른 축제의 사례를 많이 공유하자

페스티벌 강의노트

# 9_

# 축제 홍보마케팅

## 사례검토_

## 『천안국제웰빙식품엑스포』 홍보마케팅(예시)

_ 본 자료로 실행한 내용은 아니며, 사례 예시를 목적으로 발췌하여 재구성한 내용임.

FESTIVAL NOTE 100℃

## I. 홍보 전략

### 관심과 참여 및 성과 창출을 위한, "Balance 365"

**GOAL**

엑스포 성공전략

- 미래신성장동력인 식품산업에 대한 국민적 인식 확대
- 엑스포 방문객 60만명 유치를 통한 웰빙도시 브랜드 기반확립

**참여** 온–오프라인을 통한 홍보 참여를 통해 엑스포에 대한 참여열기 확산

**공감** 웰빙식품=천안이라는 새로운 천안의 가치 공감대 확산

**성과** 엑스포에 대한 실제 모객 증대로 천안 방문객 수 증대

"Balance 365"

**Communication 전략**

엑스포 홍보 전략

**1차(핵심) 타깃**

20~40대 웰빙족 및 가정주부

- ✓ 로하스족, 보보스족 등
- ✓ 건강, 힐링에 대한 관심 활용, 참여유도로 홍보 확산을 주도
- ✓ 가족건강에 관심 있는 주부층 공략

**2차 타깃**

천안시 민

- ✓ 개최도시의 주민
- ✓ 적극적, 주도적 참여유도
- ✓ 타지역 및 해외인 대상 캠페인 동참

관련종사자 (기업&학교, 산업 종사자 등)

- ✓ 행사의 직접 고객 및 관계자
- ✓ 국내외 네트워크를 활용한 행사 소개 및 참여확대 활동 전개

**3차 타깃**

해외바이어 및 국내거주 외국인

- ✓ 해외 관련산업 바이어
- ✓ 한류연계 한국여행 중 방문유도
- ✓ 한국관광공사 네트워크 활용

\+

Strategy 01

**"Balance + α"**

**제안사 보유 매체 및 네트워킹을 통한 시너지 창출 홍보**

- ➢ OO캐시백 및 OO제휴채널 등 제안사 인프라 활용 홍보 효과 극대
- ➢ 관련 종사자, 해외 참가객 모객 등 타깃 세분화를 통한 맞춤형 홍보

Strategy 02

**"Banlance 365 campaign"**

**흥미롭고 직접 참여가 가능한 온–오프라인 캠페인 홍보**

- ➢ 온–오프라인 연계 홍보 집행으로 홍보의 효율성, 지속성, 효과 극대
- ➢ Balance Dance UCC, 서포터즈, Face book, Balance Day 등

Strategy 03

**"Balance Time"**

**시기적 특성 고려 홍보Tool의 선택과 집중, 연계홍보 강화**

- ➢ 홍보예산의 한계를 고려 홍보효과를 고려한 매체 플랜 재구성
- ➢ 단계별 특성을 고려한 생활 접점 매체 활용 홍보

Strategy 04

**"Balance Information"**

**타겟 특성 고려한 접점 확대를 통한 정보 제공 홍보**

- ➢ 타깃 구분에 기반한 엑스포 정보 지속적 제공으로 홍보효과 극대화
- ➢ 포털사이트 홍보, 뉴스레터, 박람회 참가 등

Strategy 05

**"PR Balance"**

**각 엑스포 파트 진행과 연계 홍보를 통한 시너지 극대화**

- ➢ 전시–이벤트–운영 부문과 연계된 통합홍보로 홍보 시너지 극대화
- ➢ 참여기업 홍보, 요리경연대회 등 엑스포 운영내용 연계홍보 강화

## II. 홍보 실행 Matrix

### 전략적 Media Plan 재구성 및 제안사 보유매체 활용을 통해 예산대비 홍보효과 극대화 유도

〈기존 제안 요청서 Media Plan〉

온라인 광고(배너(롤링보드), 키워드검색, 브랜드), 모바일 페이지, 뉴스레터, SNS 및 블로그, 대학생 서포터즈, Biz mms, 주요 국제공항, 고속버스터미널, 버스광고, 스포츠광고, 스크린 광고 등 옥외광고 2개월, D-day 행사, 기자 팸투어 및 박람회 참가, 마스코트 제작 등…

→ 전방위적 매체 구성으로 홍보 예산 비중 ↑

〈기존 제안 요청서 Media Plan〉

1. 통합적 온라인 홍보(키워드–SNS–서포터즈–UCC연계)
2. 계기 집중형 옥외광고(3개월→ 엑스포 개최 1개월 전)
3. 이슈 창출형 스포츠 광고(시구 및 시타 행사)
4. 유관기관 네트워크를 통한 참여율 증대 등 주요 참여 타깃 맞춤형 홍보(박람회 참여) 등 …

→ 예산 대비 홍보 효과 극대화 ↑

\+

〈제안사 보유 Media〉

1. OO 캐시백 활용한 타깃 맞춤형 홍보
2. OO 주유소를 활용한 생활 접점 홍보
3. OO 투어비스를 통한 모객 홍보
4. 엑스포 연계 에스닉 푸드 콘텐츠 개발

→ 300,000,000원 상당의 미디어 효과 창출
→ 엑스포 흥미 제고를 통한 체험객 증대

| 구 분 | 9월 | 10월 | 11월 | 12월 | 1월 | 2월 | 3월 | 4월 | 5월 | 6월 | 7월 | 8월 | 9 |
|---|---|---|---|---|---|---|---|---|---|---|---|---|---|
| 계 기 | 추석 | 엑스포 D-300일 | Food Week | 대선 | | 구정 | Seoul Food | | 엑스포 D-100일 | | 엑스포 D-30일 | 엑스포 개최 | |

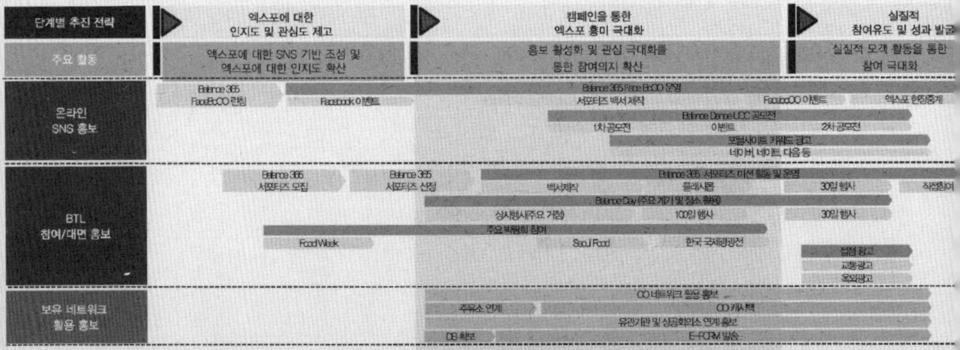

## Ⅱ. 홍보 프로그램

### 00. 제안사 보유 매체 및 네트워킹을 통한 시너지 창출 홍보 프로그램

*Balance + α "*

**전국적 홍보 커버리지 확대가 가능한 보유매체 연계 홍보**

- 제안사 보유 매체 플랫폼인 OO캐시백을 통한 전국적 홍보 커버리지 생성
- 소비성향별, 지역별, 연령별 맞춤 접근에 따른 효과적인 타깃 마케팅 가능

**OO캐시백을 활용한 실질 참여타깃 110만 명 대상 직접홍보**

- 보유한 Data 중 천안웰빙식품엑스포 방문 가망성이 높은 Target 선정
- 110만 명의 고객 대상 맞춤형 홍보 실시 (80만 관람객 유치 목표를 위해 30% 여유 데이터 산정)

| Social Status | Lifestyle | Accessibility |
| --- | --- | --- |
| 웰빙 / 식품 산업 종사자<br>관련 산업 OCB 가맹점 점주 여부<br>(식음료 / 식품유통 / 의료 / 건강기능식품 / 유기농식품 / 전통식품 ) | 건강 / 체험 관심<br>- Health & Experience 관심형<br>Shopping: 신제품 추구형<br>야외 / 나들이 선호<br>Leisure: 야외 활동형 | 지역 근접성<br>- 박람회장 위치 (충남 천안)에 근접한 충북 /충남 중심 거주 여부<br>지역 유동 인구 |

**OO의 제휴 Network 활용**

[회원]
3,500만 명

제휴가맹점 방문

※ 제휴 N/W
- 중대형프렌차이즈 Brand 약 50개
- 가맹점 약 4만 5천개

**Co-Promotion 진행**

수도권, 충청지역 내 제휴처 선정

제휴처 방문/결제 시 집중홍보

행사 참여 유도

**홍보지원**

선정된 제휴가맹점을 통한 홍보지원

홍보물 내 QR코드 등 행사참여유도를 위한 이벤트 진행을 통해 반응률 증대

**제안사보유 New Media를 통한 효율성 강화**

**탄소캐시백 서비스 연계를 통한 관람객 증대 방안 모색**
- OO 가맹점 연계 체험 프로모션(TSM) 운영 및 포인트 경품(탄소캐시백) 증정을 통해 행사 방문자 유치 지원

**서울, 경기, 충청지역 OO 주유소 활용 홍보**
- 직영 주유소 홍보 플랫폼 활용
  - 수도권, 충청남도 직영주유소 중 서울, 경기남부, 충북/충남, 천안 인근지역 집중 홍보

**IFC Mall 중앙광장의 대형 전광판 광고**
- COEX 이후 최대복합개발 단지 전광판 광고로 수도권 신규 수요 계층 확산

**CGV 전국 10개 Cloud Wall 광고 플렛폼 활용 홍보**
- 서울 6개점, 경기 2곳 개점 대전, 부산 1개점

**전국 8개 역사 + 공항 4개**
- DID 설치물 활용 홍보

+α
300,000,000원
추가 홍보 효과 창출

## Ⅱ. 홍보 프로그램

### 00. 흥미와 참여 확대를 위한 온-오프라인 통합 캠페인 홍보프로그램

*Balance 365 campaign"*

**재미있게 참여하는 UCC 공모전 내 몸의 Balance, 36.5도 Dance!**

- 재미있는 가사와 율동으로 이루어진 UCC송 따라 부르기를 통해 참여와 확대재생산으로 화제성 극대화

참여층의 다양화 | 자발성 | 관심유발 FUN | 공감하기와 알리기 | 릴레이 참여 | 언론방송 연계 | 이슈 化

PERSOANL PARTICIPATION — 본인의 건강, 개인적 성취, 심리적 만족

1. Balance 365 FaceboOO 론칭
2. Balance 365 서포터즈 선발 — 모집분야: 콘텐츠 Part, 퍼포먼스 Part
3. I am Balance 365 UCC 공모전 — 현대인의 잘못된 생활에 균형을 찾자는 의미로 쉽게 따라하고 불리워질 수 있는 노래와 춤
4. I Vote for Balance 365 온라인이벤트 — 네티즌 투표 및 확산 이벤트 진행
5. We'll Balance 365 UCC 공모전 — 공모전 홍보 및 참여율 제고용 셀러브리티 활용 가이드라인 영상 제작
6. We'll Balance 365 Refresh — 게릴라 플래시몹 벨런스 로드 타 박람회
7. 행사활용 온오프라인 2차 확산 — 엑스포 기간 활용 이슈 주목도 高 → 퍼블리시티

→ SOCIAL MOVEMENT — 건강한 사회, 타인을 배려, 대의적 명분

**(1차) I am Balance 365**

(1차) 개인적인 경험 〈나〉와 관련된 웰빙주제로 노래와 춤 UCC 공모)

시기: 2013. 3. 8 ~ 5. 8
대상: 일반 국민 누구나
테마: I am Balance 365
① Food: ex. 엄마가 만든 슬로우푸드 콩스프가 좋아요~
② Health: ex. 스카이 콩콩콩 하면서 밸런스 맞추기
③ Healing: ex. 난 이럴 때 완벽한 밸런스를 느낀다~
출품규격: 분야별 개인, 팀당 2작품 이내 동영상(노래, 춤) 파일

1 나의 Balance UCC 엑스포 공식 계정으로 메일 보내기
2 Balance 공식 유투브, 블로그에 올라온 나만의 밸런스 UCC 확인하기
3 본인의 페이스북, 트위터로 주변에 참가사실 알리기
4 온-오프라인 이벤트 참여 하면서 심사결과 기다리기

**온라인 이벤트**

Balance 365 하기 서명 이벤트
- SNS 친구되기
- 동참의 의미로 I Balance 365 댓글 달기

I Vote for Balance UCC
- 공모전상 접수된 UCC(춤 & 노래 투표하기)

Balance Song & Dance Falsh
- 선정된 밸런스 송&댄스 플래쉬몹 참여하기(공식페이스북에 업로드)

**(2차) We'll Balance 365**

(2차) 선정작을 아마추어들이 아날로그적인 감성으로 따라 부르는 실제 당선작을 사용하는 상황 UCC를 공모(+플래시몹)

- 시기: 2013. 3. 8 ~ 6. 8
- 대상: 일반 국민 누구나
- 테마: We'll Balance 365
  ① 학교에서 밸런스 함께하기
  ② 집에서 밸런스 함께하기
  ③ 회사에서 밸런스 함께하기

[온오프라인상 확산된 성공사례 '빠빠송]

**We'll Balance 365 Refresh**

유동인구가 많고 젊은 세대들이 많은 수도권 지역에서 게릴라 이벤트 진행

[Balance 365 플래시몹]
시기: 2013. 7월 말 ~ 8월 중순
장소: 명동거리 등 (3회)
비고: 서포터즈 외 홍보대사 활용 검토

[웰비니와 Balance 365]
시기: 2013. 7월 말 ~ 8월 중순
장소: 고속도로
비고: 조직위 제작 기념품 배포

## *"Balance 365 campaign"*

### 웰빙에 대한 온라인 백서 만들기 Balance 공식 페이스북 및 온라인 서포터즈

- 웰빙, 힐링 관련 콘텐츠의 큐레이션 전략으로 웰빙엑스포 전문 페이스북〉으로서의 입지확보
- 확보된 〈웰빙〉 관련 관심계층에게 천안웰빙식품엑스포와 관련한 내용을 자연스럽게 소개하여 〈웰빙=천안〉의 이미지 조성
- 컨텐츠 생성, 통역자봉사, 웰빙푸드 MAP 등 온라인 리포터와 연계한 온라인 홍보 활동이 가능한 서포터즈 모집 및 운영

#### 공식 페이스북 개설 "온라인 구석구석 WELL Balance 365"

- 진행일시: 2012년 9월~2013년 9월(1년)
- 세부 진행내용(안)
  - 공식 페이스북 개설 및 운영
  - Balance 族 (온라인 홍보단) 운영
  - 웰빙, 웰빙식품 콘텐츠 생성, 웰빙 생활백서 발간
  - 천안국제웰빙식품엑스포 실시간 생중계
  - Balance Song 공모전, 댄스 플래시몹 등 사전 홍보 및 온라인 모집 진행

#### Balance 族 (온라인 홍보단) 운영

**Balance 族 모집개요**

* 모집대상: 음식, 건강, 문화, 예술, 식품산업,등 관련 분야에 관심이 있는 대학생 팀
* 모집인원: 10팀 이내
* 모집기간: 2012년 10월 ~ 11월
* 신청방법: 엑스포 공식 이메일
* 활동기간: 2012년 12월 ~ 2013년 9월 (약 10개월)
* 모집홍보
  - 수도권 중심 대학가 포스터 배포, 온라인 게시판 홍보

**Balance 族 운영 및 혜택**

* 1달에 1번, 온라인 미션과 오프라인 미션 수행
  - 온라인: 주어진 웰빙식품을 이용한 간단한 요리 레시피 미션 수행
  - 오프라인: 엑스포 홍보 활동 진행 (웰빙송 활용 플래시몹)
* 활동혜택
  - 매월 소정의 활동비 지급
  - 요리 관련 전문가, 셀러브리티와 함께하는 콜라보레이션 기회 제공
  - 웰빙엑스포 참여 및 관련 단지 현장 체험 제공
  - 활동증명서 제공

**함께하는 '찾아가는 서포터'**

* 통역자봉사, 웰빙푸드MAP 등 온라인 리포터와 연계한 온라인 홍보 실시

## *"Balance 365 campaign"*

### 웰비니와 함께하는 D-100일 행사, Balance, 36.5를 위한 100일!

- D-100, D-30일 등 엑스포 개최 주요 계기를 활용, 시민 참여형 이벤트로 엑스포 개최에 관한 인지도 제고
- 명동, 청계천 등 유동인구가 많은 곳에서 시민과 함께하는 기념 행사 및 지속적으로 함께하는 온오프라인 이벤트 진행
- 전시-이벤트-홍보의 연계를 통해 시너지 효과 강화

#### D-100, Balance 36.5도

언론 이슈화가 가능한 포토이벤트

- 진행시기: 2013. 5월 중 하루
- 진행장소: 서울 명동
- 행사내용
  - 마스코트 웰비니를 활용, 웰비니가 저울위로 올라가는 포토앵글 연출
  - 웰비니와 함께하는 즉석 사진 찍기
  - 조직위 섭외 홍보대사 단체 사진 촬영

#### D-30, Balance 36.5 Refresh

공모전을 통해 선정된 Balnce 365 UCC 플래쉬몹(서포터즈 활용)

- 진행시기: 2013. 8월(한달)
- 진행장소: 서울 명동, 청계천, 인사동(3회)
- 행사내용
  - 마스코트 웰비니를 활용, 웰비니가 저울위로 올라가는 포토앵글 연출
  - 웰비니와 함께하는 즉석 사진 찍기
  - 조직위 섭외 홍보대사 참여 (조직위 협조)

#### D-6 엑스포 성공기원 3代 웰빙 밸런스 걷기 한마당

걷기 행사와 연계한 성공기원 행사

- 일시: 2013년 8월 24일(토), 오후 4시
- 장소: 천안삼거리공원 북문 주차장
- 대상: 일반 시민(3代 가정, 다문화 가정, 연인 등) 2,013명
- 걷기대회가 엑스포 홍보의 정점이 될 수 있도록 기자팸투어-서포터즈가 함께하는 이벤트

#### 상시 이벤트
Every day Balance 36.5

**1. 웰비니와 즉석 사진 찍기 이벤트**

- 진행시기: 2013. 5 ~ 8(약 100일) 5월 나들이와, 8월 휴가철 집중
- 진행장소: 서울-천안간 고속도로 휴게소(7회)
- 행사내용
  - 웰비니와 함께하는 즉석 사진 찍기 (웰빙 엑스포 리플렛 배포)
  - 페이스북 실시간 업로드 서비스

**2. Balance 36.5도 페이스북 이벤트**

- 진행시기: 2012. 11 ~ 2013. 9
- 행사내용
  - Balance 36.5도 캠페인에 동참/실천/전파하는 단계별 이벤트 진행
  - D-day 행사와 맞물려 현장에서 사진을 찍어 페이스북에 업데이트 하는 이벤트 진행

Ⅱ. 홍보 프로그램

300. 시기적 특성을 고려한 홍보Tool의 선택과 집중, 연계홍보 강화 프로그램

*Balance Time"*

## 대한민국 방방곳곳 만나는 천안국제웰빙식품엑스포 옥외광고물 활용 홍보

- 이용객 수가 많은 주요 거점을 기본으로, 엑스포 개최 1개월 전 집중 옥외광고 진행
- 메시지 전달이 용이한 영화관, 야구장 등을 활용해 엑스포에 참여에 대한 의지 제고

옥외광고는 조직위원회와의 협의과정에 따라 규모, 재질, 수량 변동 가능

### 주요 거점 교통광고

[인천공항]

집행시기 : 2013년 7월
(엑스포 D-30계기 및 공항이용객 증가철)
집행장소 : 인천공항 내부 출입국장 대상

[옥외 전광판]

집행시기: 2013년 7월
(엑스포 D-30계기 및 외국인 방문객 증가)
집행장소: IFC Mall (여의도) 대형 전광판

[버스 외벽]

- 집행시기: 2013년 7~9월
- 집행장소: 서울시 주요 거점 통과 노선 및 천안 엑스포장 경유 노선

[주요 역사]

- 집행시기: 2013년 8월
- 집행장소: 서울 및 천안
  : 서울역, 남부고속터미널 및 KTX 역사(천안) 대상

### 극장활용홍보

- 서울 및 수도권 영화관 광고
  - 관람객의 수가 많은 롯데시네마, 멀티플렉스 영화관 대상 영화 시작 전 엑스포 홍보 광고 방영과 전국 10개 CGV 클라우드 플렛폼 광고
- 집행계획
  - 집행시기: 2013년 7월
  - 집행장소: 롯데시네마 명동점, 상암점 CGV 전국 10개점

### 스포츠활용홍보

- 야구장 활용 홍보
  - 엑스포 마스코트인 웰비니, 홍보대사를 활용한 시구 이벤트를 통한 엑스포 개최 인지 제고
- 집행계획
  - 집행시기: 2013년 8월
  - 집행장소: 인천 문학경기장 (OO와이번즈 연계)

Ⅱ. 홍보 프로그램

300. 시기적 특성을 고려한 홍보Tool의 선택과 집중, 연계홍보 강화 프로그램

*Balance Time"*

포스터

옥외광고

가로등 배너

300. 시기적 특성을 고려한 홍보Tool의 선택과 집중, 연계홍보 강화 프로그램

### "Balance Time"

다양한 유관조직 네트워크를 홍보 TOOL로 활용한 저비용 고효율의 모객 홍보

**유관기관 연계 네트워크 홍보**

AMCHAM

EUCCK

KHSA 한국건강기능식품협회

KFIA 한국식품산업협회

- ➤ 주한 상공회의소 DB활용 외국인 대상 홍보
  - 국내에 거주하고 있는 외국인 기업 근로자를 대상으로 한 엑스포 초청 메일 발송
- ➤ 참여기업 및 및 유관기관 활용
  - 참여기업 대상 엑스포 홍보물 발송 등
  - 건강기능식품협회 등 유관기관을 통해 보유 홈페이지 게시판 홍보 진행

**관광관련 정부조직 활용**

- ➤ 한국관광공사 활용
  - 한국관광공사의 해외 지사망을 연계 '2013 천안국제웰빙식품엑스포' 관련 언론홍보 진행 시 보도자료 배포
  - 해외 관광객들이 주로 찾는 한국관광공사 및 한국 사이트를 통한 박람회 홍보 및 배너 게재

**Ethnic Food 행사 연계**

- ➤ 자사 보유 여행사 연계활용
  - 한국 여행 패키지 중 천안 100배 즐기기, 가족들과 함께 즐기는 '2013 천안국제웰빙식품엑스포' 소개
  - 박람회 홍보물 여행/라이프스타일 매거진 게재



400. 타깃 특성을 고려한 접점 확대를 통해 정보 제공

### "Balance Information"

엑스포에 관한 모든 것을 알려주는 정보 제공형 홍보

- 엑스포에 대한 정보 전달형 프로그램으로 뉴미디어 운영채널에 대한 유입률과 〈Balance 365 통합 캠페인〉에 대한 확산도모
- 온라인과 함께 언론, 직접홍보(박람회 체험 등) 채널을 활용하여 지속적인 천안웰빙식품엑스포에 대한 메시지 전달로 시너지 효과 제고

**음식관련박람회 참여**

- 식품, 음식 등 관람객이 많은 박람회 3회 참여를 통해 천안국제웰빙식품엑스포에 대한 인지도 제고

1 박람회 내 홍보
- 엑스포 관련 정보 전달 및 관람객 DB 확보 등

2 체험 프로그램
- 오가닉, 힐링, 웰빙 식품 관련 프로그램 직접 체험 코너 마련
- We'll Balance 365 Refresh 메시지 전달
- 리플릿 외 기념품 비치
- Balance 365 song & dance UCC 상영

➤ 참여 박람회 List
- Food Week2012 / 강남 코엑스 (조립부스 2EA)
- SEOUL FOOD2013 / 일산 킨텍스
- 한국국제관광전 / 강남 코엑스

**주요언론기자 간담회**

- ➤ 주요 언론사 기자 대상 팸투어
  - 주요 언론사 및 천안지역 기자를 대상으로 엑스포 팸투어 진행
  - D-6일 계기, 걷기 이벤트 동반 참가로 엑스포에 대한 실제적 체험을 통한 미디어 우군 마련
- ➤ 집행계획
  - 집행시기: 2013년 9월
  - 집행장소: 천안국제웰빙식품엑스포 개최지

## 홍보 프로그램

. 타깃 특성을 고려한 접점 확대를 통해 정보 제공

*lance Information"*

엑스포에 관한 모든 것을 알려주는 정보 제공형 홍보

- 엑스포에 대한 정보 전달형 프로그램으로 뉴미디어 운영채널에 대한 유입률과 〈Balance 365 통합 캠페인〉에 대한 확산도모
- 온라인과 함께 언론, 직접홍보(박람회 체험 등) 채널을 활용하여 지속적인 웰빙박람회에 대한 메시지 전달로 시너지 효과 제고

### 온라인 Info-mall "엑스포 이모저모"

**E-뉴스레터**
- 매월 엑스포 정보와 건강과 식품 밸런스 등을 소재로 한 뉴스레터

- 엑스포 관련 인물, 소식 활용한 콘텐츠 제작
- 가족과 함께 떠나는 도시 속 힐링캠프 / 10년 젊어 보이기 위한 나만의 식품 밸런스를 찾아라 등 여가, 외식 등을 활용한 기획코너 제작

**Biz MMS**
- 컬러티콘을 활용한 엑스포 소식 및 이벤트, 모바일 쿠폰 전송

- Tworld 등 비즈 MMS 운영 시스템 활용해 외식과 건강에 관심이 높은 대상자 선별하여 대량문자발송 진행
- 온라인 이벤트 진행 시 연계해 정보형/참여형 MMS 발송

### 온라인검색광고 "검색창에 천안국제웰빙식품엑스포"

**키워드광고**
- 엑스포에 관심이 높은 사용자의 검색률이 높은 키워드를 중심으로 한 광고

- 매체/기간 : 다음, 네이트, 야후 (오버추어) / 2013. 4~6 (3개월)
- 추진내용 : 식품엑스포/천안엑스포/웰빙식품 등 키워드의 경쟁력과 예산을 고려하여 키워드 선정하여 '스폰서링크'에 노출

### 웰비니 모형제작 및 거리행사 "웰비니가 알리는 천안국제웰빙식품엑스포"

**웰비니 활용**
- 웰비니 인형 제작 및 이벤트를 통한 엑스포 마스코트 인지도 제고

- 제작시기: 2013. 9~12
- 활용방안
  - 박람회 및 주요 행사 참가를 통한 엑스포 정보 제공 활동
  - 일반국민 대상 포토존 운영을 통한 천안국제웰빙식품엑스포 개최 알림

페스티벌 강의노트

# 100℃로 올리는 페스티벌 기술

—

독창성과
기획이
만나다

—

# 10_

# 축제이벤트 스폰서십

FESTIVAL NOTE 100℃

전통적인 광고의 인기가 식어감에 따라 마케터들은 그들의 제품과 서비스의 판매를 촉진시키기 위하여 새로운 마케팅 채널을 꾸준히 모색한다.
행사 스폰서십의 필요를 수치화하는 법, 수천 개의 성공적인 이벤트에서 성공한 검증된 도구를 활용하는 법, 스폰서를 놀라게 하거나 감동시킬 만한 현지화된 결과를 성취하기 위해 국제적 관점을 어떻게 적용할 것인가 등이다.

## 스폰서가 잘된 이벤트

_ Skinner & Rukavina(2002)

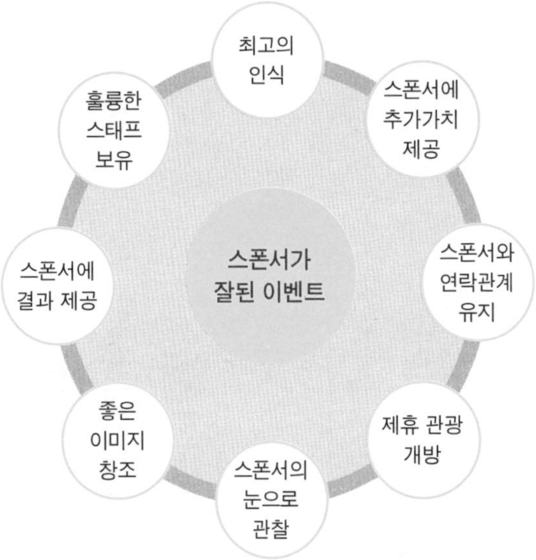


## 상업적 스폰서십의 개념

스포츠, 문화, 예술, 행사 등과 같은 자산 사용과 상업화 가능성에의 접근에 대한 반대 급부로 그 자산에 지불되는 현금 또는 물품을 말한다.
지난 25년간 많은 스폰서십의 정의가 내려졌다.
시카고에 위치한 국제이벤트그룹(IEG)과 스폰서십을 분석하는 여러 주요 회사들의 스폰서십 정의

## 스폰서십과 유사개념

Philanthropy(자선)

- 플랜서피는 인도주의에 의거하여 관대하게 베풀어지는 헌납 또는 자금을 나누어 주는 기관
- 박애주의, 공리주의가 핵심적인 개념으로 반대급부를 강조하는 스폰서십과 구별

Patronage(후원)

- 대상에게 패트론(Patron)이 되어주는 행위로 패트론은 아버지를 의미하는 로마어 파테르(Pater)에서 기원되었으며, 대개 보호자, 옹호자의 넓은 의미로 사용
- 특히, 예술분야에 있어 패트론은 예술가의 부유하고 영향력 있는 후원자를 의미
- 문화예술의 스폰서십 초기모델

Mecenat(메세나)

- 고대로마제국 대신인 마이케나스(Gaius Maecenas)의 이름을 불어로 표기
- 마이케나스는 시인과 예술가들을 지원하여 로마 예술 부흥에 공헌한 인물
- 메세나는 예술, 문화, 과학에 대한 두터운 보호와 원조를 의미하며 유럽에서 널리 사용

후원(後援)

- 뒤에서 돕는다
- 필랜스로피, 패트로니지, 메세나와 유사한 의미로 사용
- 반대급부에 대한 기대 없이 금전이나 현물을 제공하는 기부 행위를 의미
  * 정부부처, 공공기관, 방송국, 비영리단체 등

협찬(協贊)

- 협력하여 돕는다.
- 스폰서십과 유사하며, 기업이미지 증대 등 확실한 효과를 기대하고 금전이나 현물을 제공하는 행위
- 협찬이란 용어는 기업의 일방적인 지원이라는 이미지가 강하고, 반대급부에 대한 연상이 적기 때문에  새롭게 시작하는 기업커뮤니케이션 활동을 협찬대신 '스폰서십'이란 용어로 표기

## 상업적 스폰서십의 개념

캘리포니아의 큐퍼티노에 본부를 둔 산업전략회사 엑소디엄 그룹의 스폰서십 정의

- 제품이나 회사의 브랜드를 강화시킬 목적으로 회사와 이벤트 또는 그 권리를 가진 자 사이의 상호 유익한 관계
- 다른 관점에서는 스폰서십을 새로운 형태의 마케팅으로 보는데 '구매자와 판매자가 모두 어떤 이익을 얻도록 함께 묶어주는 행위'로 정의
- 다른 말로는 만일 이벤트 방문객이 스폰서(회사)가 목표로 하는 미래의 잠재 고객과 맞아떨어진다면 대체로 만족한다는 것

## 스폰서십을 위한 기획사례: 행사를 위한 준비과정과 내용이 우선 중요

다른 말로는 만일 이벤트 방문객이 스폰서(회사)가 목표로 하는 미래의 잠재 고객과 맞아떨어진다면 대체로 만족한다는 것이다.

## TIP 스폰서십의 연구자별 정의

| 연구자 | 정의 |
|---|---|
| Crompton(1987) | 특정사업에 대하여 자선적 의미의 자금지원이 아니라 사업에 의한 대가를 필요로 하며 자금을 지원하는 것 |
| Sandler와 Shahi(1989) | 행사나 활동과 직접 제휴하는 대가로 그 행사나 활동에 조직이 직접 재정적 · 인적 · 물질적 지원을 제공하여, 그 후 지본을 제공하는 조직은 식접적인 제휴를 그들의 사업, 마케팅, 매체목적을 위해 쓸수 있는 것 |
| Sleight(1989) | 자금, 자원 및 서비스의 제공자와 반대급부로 상업적 이익을 위해 사용되는 권리와 교류의 제공을 하는 주최자간의 사업적인 관계 |

| | |
|---|---|
| Meenanghan(1991) | 상업적 목표를 달성하기 위한 상업적 조직에 의한 활동으로 재정이나 물품에 대해 지원하는 것. 광고, 판매촉진, 인적판매, PR 등의 전통적 커뮤티케이션 믹스 안에서 두려는데 초점 |
| Watcher, Craig, Culling, & Harvey(1991) | 조직의 정상적인 활동과 직접 관련이 없는 이벤트나 활동에 조직이 재정적, 인적 물적 지원을 제공하여 그 제휴를 통해서 상업적인 이익을 얻기 위한 행위 |
| Geldard & Sinclair(1996) | 스폰서 기업을 위한 유형의 편익을 제공하는 참가자, 혹은 주체기관과 협의된 이용 가능한 무형의 잠재적 권리와 편익의 구매 |
| Donald Getz(1997) | 특정한 편익 혹은 특정성과를 얻기 위한 목적으로 자원을 제공하는 개인, 기관 혹은 단체라는 정의, 쌍방이 제안과 수락을 통해 합의한 상업적 거래로서 일반적으로 스폰서가 현금, 현물로 제공하는 것 |
| J. J Goldblatt(1997) | 쌍방이 제안과 수락을 통해 합의한 상업적 거래로서 일반적으로 스폰서가 현금, 현물로 제공하는 것에 주최자가 제공하는 마케팅 서비스 |

· 스폰서십(박정배, 2009)은 개인·기업 또는 단체가 제공하는 현금· 현금 또는 용역에 대한 쌍방이 가지는 파트너십의 특성인 몰입·코디네이션·신뢰·커뮤니케이션의 질과 참여요소를 해소하여 결과를 창출하는 과정이다.

## 성공적인 이벤트 매니저의 주요역할

대부분의 성공적인 스폰서십에 관한 책들에서는 적당한 판매기술을 익히고, 부가가치를 창출하며 최적의 제안서를 제출하고, 최고의 판매 패키지를 만들어내야 한다. 또한 스폰서에 관해 철저한 정보를 수집하고, 스폰서와 좋은 관계를 유지하는 것도 중요하다.

그러나 스폰서십 판매를 시도하기 전에 가장 중요한 것은 다른 이벤트보다 더 훌륭한 이벤트를 만들어내야 한다는 것이다. 규모와 관계없이 자신이 맡은 역할에서 아주 뛰어나야 한다.

결국, 이벤트가 가장 큰 규모일 필요는 없으며, 단지 특정 부분에서 최고가 되거나 아니면 독특하고, 재미있고 극히 창조적인 뭔가를 제공해야 한다는 것이다.

- 스폰서십의 창출과 관리과정

Expended Sponsorship Management Process
for the Performing Arts

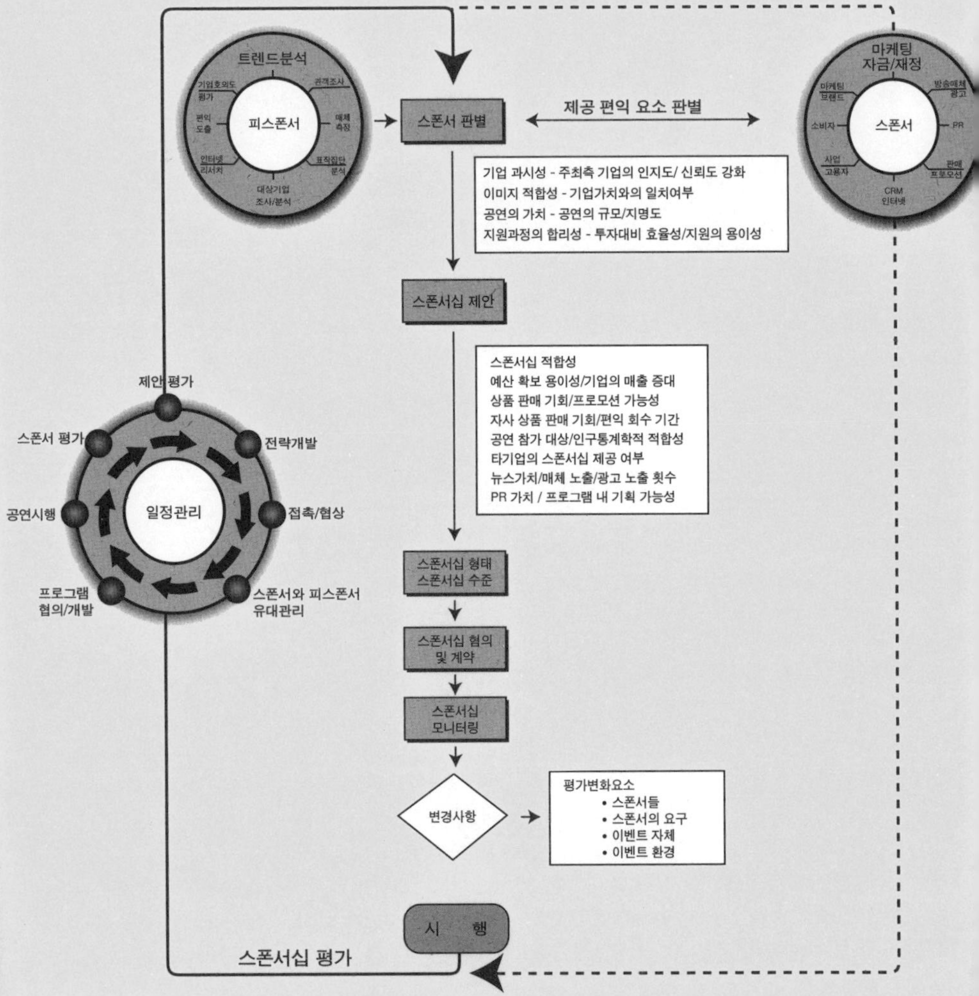


_ William O'Toole(2002) 내용에서 저자 재구성.

## 전통과 변화

많은 이벤트들이 식상한데 그 이유는 매년 똑같은 프로그램을 제공하고, 흥미롭고 새로운 요소를 프로그램에 첨가하지 못하기 때문이다.

· 변화를 위한 변화는 바람직하지 않다. 하지만 이벤트를 신선하게 하고 성장시켜려는 변화는 필수적이다.
· 이벤트 상품을 잠재 고객에게 판매하기 전에 먼저 해야 할 일은 마치 아이들과 같이 이벤트 상품 자체를 오랫동안 열심히 바라보는 것이다. 그럼으로써 이벤트를 사랑할 수 있고 그 결점도 알아낼 수 있다.

## 강한 이벤트를 만드는 핵심

- 그 지역에서 가장 훌륭한 이벤트를 개최하든지, 아니면 적어도 그 이벤트 범주(아트 페스티벌, 뮤직이벤트 등)에서는 최고여야 한다.
- 저녁 9시 뉴스에 자주 등장시켜라.
- 지역 시민의 가슴과 마음에 이벤트가 남도록 하라.
- 다른 경쟁자가 할 수 없는 것들을 해야 한다.
  : 지역사회만의 독특한 것을 제공하라.
  : 길로이 마늘축제 - 미국 마늘의 90%는 길로이에서 가공된다.
- 존경 받을 수 있고, 가치 있는 이벤트를 개발하라.
- 이벤트를 변화시켜라.
  : 좋은 것은 그대로 두거나, 더 좋게 만들고, 새로운 프로그램을 첨가하라.
- 매년 이벤트를 한 단계 높이 끌어올려라.
- 환상적으로 보이게 연출하라.
- 다른 이벤트를 벤치마킹하여 장점을 자신의 경우에 적용시켜라.
- 스폰서가 반드시 참가하고 싶어 하는 이벤트를 만들어라.

## 이벤트에 스폰서를 하는 이유들

브랜드 인지도 강화야말로 기업이 여전히 이벤트를 홍보하는 강력한 동기 중의 하나지만, 지난 20년 동안 스폰서십은 먼 길을 걸어왔다.
21세기에는 스폰서가 스폰십을 제공할 때는 많은 이유가 있을 것이고, 우리는 스폰서십 마케팅 계획을 세우기 전에 먼저 이유를 이해해야 할 것이다.
그러기 위해서는 이벤트매니저는 스폰서의 눈으로 스폰서십을 보아야 한다.

## TIP 파트너십의 개발과정

스폰서십 유치는 사업적 관점에서 투자의 매력성을 확보하여, 스폰서십의 기회를 만들고(Compton, 1993) 구매자와 공급자의 협력적 관계를 통하여 발생하는 이점을 누리기 전에 먼저 복잡한 파트너십의 개발과정을 거쳐야 한다(maloni & Benton, 1997).

| 구 분 | 내 용 |
|---|---|
| 1 단계 | 파트너에 대한 전략적인 필요성 파악 |
| 2 단계 | 파트너 기준 개발, 공급자의 평가, 파트너의 선택 |
| 3 단계 | 파트너의 설정 |
| 4 단계 | 파트너의 재설정 및 유지 |

## 기업이 이벤트에 스폰서를 제공하는 이유

· 시카고에 위치한 국제이벤트그룹(IEG)에 따르면 10가지 이유를 제시

- 소비자의 태도 형성
- 브랜드 인지도 강화
- 틈새시장 공략
- 소매 및 도매업자, 배급업자에 대한 인센티브 제공
- 고객 접대
- 직원의 고용 및 유지
- 상품판매 기회의 창출
- 상품의 특징 전시
- 판매 촉진
- 경쟁업체와의 제품 차별화

## 브랜드 인지도 강화

브랜드 인지도 강화는 기업들이 이벤트에 스폰서를 제공하는 첫 번째 이유이다. 큰 이벤트는 텔레비전과 인쇄매체에 의해 폭넓게 기업을 노출시켜줄 뿐 아니라, 전통적으로 스폰서들에게 제공하는 혜택인 표지판이나 브로슈어에 게재하는 방법 등을 이용하기도 한다.

## 소비자 태도 형성

스폰서십이 브랜드 이미지를 바꿀 수 있는 것은 소비자 태도를 형성시키는 데 달려있다.

## 틈새시장 공략

스폰서십은 기업들로 하여금 틈새시장에 접근할 수 있는 기회를 준다.
제1회 예천곤충바이오엑스포 성공스토리에 보듯이 틈새시장 공략(LG기업관 참여)에 성공한 경우이다.

## 고객 접대

이벤트, 특히 티켓 구하기가 거의 불가능한 이벤트에서 고객을 접대하는 기회를 갖기 위해 기업은 때때로 전체 스폰서십을 부담하기도 한다.

## 상품 판매기회

스폰서들은 이벤트를 상품 판매기회로 이용할 수 있는데, 제품을 구매하는 대가로 이벤트에 어떤 것을 제공하는 것이다.

## 상품의 특징 전시

스폰서십을 통해 알 수 있는 정말 대단한 것 중 하나는 축제이벤트에서 자사의 상품이 실제로 어떻게 받아들여지는가를 확인할 수 있다.

## 경쟁업체와의 제품 차별화

이벤트는 보통 독특한 주제를 사용하기 때문에 스폰서를 제공하는 금융기관이나 서비스 회사들이 그들의 경쟁사들보다 뛰어나 보이도록 만들어 준다. 바로 이런 점에서 경쟁업체와의 제품차별화는 스폰서십이 높은 점수를 얻을 수 있는 또 다른 분야이다.

## 판매촉진

많은 회사들이 판매촉진을 위해 스폰서십을 이용하고 있다.

## 마케팅계획

일단 스폰서가 흥미를 느끼는 것이 무엇인지를 이해했으면, 이제는 효과적인 마케팅계획을 세울 수 있다. 먼저, 그 과정을 시작하기 전에 판매하고자 하는 스폰서십의 리스트를 만들어야 한다. 비용이 얼마나 드느냐를 기준으로 스폰서십을 팔아서는 안 된다. 그 가치가 얼마인가에 근거해서 스폰서십을 팔아야 한다. 이 경우를 염두해 두고, 타이틀 스폰서십의 이벤트, 지역, 무대, 서비스 등 스폰서십을 끌어낼 수 있는 모든 것을 종이에 적을 필요가 있다. 각 부문의 스폰서를 끌어들일 수 있기 때문에 이벤트를 가능한 많은 부분으로 나누어야 한다.

## TIP 스폰서십 제안서 평가에 사용되는 내용

기업이 막대한 자금을 투자하여 경쟁사보다 관객에게 기업에 대한 인지도와 브랜드 인식을 통해 유통경쟁에서 경쟁사보다 월등한 우위를 차지하기 위해 스폰서가 되려는 차별적 마케팅을 시도하고 있다.
따라서 스폰서십을 제공하기로 결정할 때는 대상 청중이 누구인지, 제품의 목표시장과 일치하는지를 파악해야 하며, 매체로의 노출 가능성, 경쟁자에 대한 정보, 투자비용, 조직의 명성, 행사의 특징, 접대기회와 같은 사항을 점검해야 한다(김창호, 2000의 내용 재구성).

| 판매기준 | 광고기준 | 기업이미지 구축 |
|---|---|---|
| 판매기회 | 언론 노출 | 핵심가치와의 일치 |
| 데이터베이스 기준 | 현수막, 표시물, 기획물 | 기업신뢰도의 강화 |
| 인구통계학적 기준의 적합성 | PR가치 | 기업제품, 서비스의 반영 |
| 공동 스폰서와 프로모션 기획 | TV광고, 노출횟수 | 기업VIP의 소개 |

## 스키너(Skinner)의 스폰서십 마케팅 계획요소

- 이벤트를 세분화해 무엇을 팔 것인가를 결정하라.
- 스폰서십을 미디어에 먼저 팔아라.
- 접근하고자 하는 회사의 범주를 결정하라(음료, 통신, 금융기관 등).
- 시장에서 이미 스폰서를 제공하는 회사의 리스트를 만들어라.
- 비슷한 규모의 시장에서 다른 회사들이 무엇을 하는지 파악하라.
- 전체 비용을 보아라.
- 합병이 발생할 때를 대비한 새 스폰서의 범주를 찾아라.

## 스폰서십의 성공요인

영국의 시장조사기관인 민텔(Mintel)사는 각 업종별 경영자와 마케팅 전문가를 대상으로 조사한 스폰서십의 선택에 있어서 적합성, 인내심, 창의성, 단일 행사성, 뉴스가치, 과시성, 합리성의 7가지 기준에 의해 판단해야 한다고 제시하고 있다.
결국, 스폰서십의 성공요인은 스폰서와 공연 주최에 대한 파트너십을 통한 스폰서의 이미지를 관리해주고, 충실한 계약 이상의 것을 만족시킬 수 있어야 하며. 이런 파트너십의 상호 의존적 관계가 공동의 목표를 향상시켜 믿음을 갖도록 해야 한다.

## TIP 국내 스폰서십 유치전략

· 전략적인 스폰서십 대상의 선정
- 행사 성격과 기업의 성격이 부합되는 기업을 우선 순위로 설정
- 우선 순위에 따른 유치 활동의 선택과 집중

· 다양한 스폰서십 Value 개발
- 합리적 근거를 바탕으로 한 스폰서십 자료 제작
- 다양한 참여 방법 개발
: 현금 협찬, 프로그램 지원, 광고물 판매 등

· 스폰서십 유치 조직 구축
- 조직위원회 및 대행사의 유기적 협조 체제 구축
- 전문 Agency 및 유관 단체 적극 활용

## TIP 유치 대상 선정(예: 과학축전의 경우)

| | |
|---|---|
| 1. 과학기술 관련 대기업 | 삼성전자, LG전자, LG텔레콤, SK텔레콤, KTF, 한전, 현대자동차 등 |
| 2. 어린이/청소년 대상 기업 | 대교, 웅진, 교원, 아이리버, 거원시스템, 나이키, 네이버 주니어, 손오공 등 |
| 3. 과학/IT/행사주제와 관련이 있는 기업 | 과학교구 업체, 마이크로소프트, 다음, NHN, NC Soft, 넥슨, 야후, 버디버디 등 |
| 4. 기업 홍보 Needs가 많은 기업 | GS 그룹, LS그룹, SK네트웍스, DMB 사업자 철도공사 등 |
| 5. 여름철 판촉활동 강화 기업 | 베스킨라빈스31, 펩시콜라, 동아오츠카, 코카콜라, 롯데칠성, 해태제과 등 |
| 6. 고양시, 파주시 연고 기업 | 하나로텔레콤, LG필립스 LCD, 이마트, 롯데백화점, 그랜드백화점, GS마트 등 |
| 7. 행사 관련 계약 기업 | 지정 은행, 보험사, 식음시설업체 등 |

## TIP 스폰서금액 및 Benefit(예: 과학축전의 경우)

| 구분 | 제공 혜택 | 현금 및 현물 범위 |
|---|---|---|
| 공식 후원 | · 과학축전 공식 후원사 표기 및 엠블렘 사용권 부여<br>· 공식행사에 초대(개막식, 폐막식 등)<br>· 협찬사 로고 노출: TV Spot, 지면광고 등<br>· 입장권 무료 제공: 10,000매<br>· 행사장내 기업 홍보부스, 프로모션 공간 우선 제공 혜택<br>· 협찬 기업 자체 프로그램을 통한 공동프로모션 가능<br>· 인쇄 제작물에 로고 표기(홍보인쇄물, 리플렛, 입장권 등)<br>· 외부환경장식물에 협찬기업 표시 | 협찬금: 1억 |
| 프로그램 후원 | 전시장 내 프로그램 부스 공간 무상 제공 | 주제 관련 프로그램 시연 |
| 광고 후원 | 주요 홍보물에 광고면 제공 및 후원사 표기, 전시장 내 프로모션 공간 무상 제공, 전시장내 홍보 부스 공간 무상 제공 | 협찬금: 2천만원 |
| 현물 후원 | 전시장 내 프로모션 활동 허용, 현물에 협찬사 명기 | 행사 소요물품 제공(음료수, 의상, 기념품 등) |

## 스폰서십의 유형

판매할 수 있는 스폰서십에는 많은 유형이 있다.
모든 종류의 음료회사(청량음료, 맥주, 와인, 물, 주스 등의 제조업체)는 이벤트의 스폰서를 맡는데, 그 이유는 이벤트가 신제품 판매에 상당히 도움이 되기 때문이다.
금융기관과 보험회사들도 훌륭한 스폰서가 된다. 이 회사들은 거의 똑같은 상품을 판매하기 때문에 다른 경쟁회사가 이벤트에 참여하지 않아야 한다는 것이 중요하다. 소매상, 항공사, 통신회사 등 홍보가 필요한 모든 회사가 좋은 스폰서가 될 수 있다.

## TIP 스폰서 단계별 유치 전개

| | |
|---|---|
| 1단계<br>대상 선정 및 Kit 개발 | 유치 대상의 집중과 선택<br>- 대상 기업의 List-up 및 1차 Contact<br>- 대상 기업의 반응에 따라 대상 순위 조정 및 공략 기업 선정<br>- 우선 순위 대상의 집중적인 마케팅 활동 강화<br>* Sponsorship Kit 활용 |
| 2단계<br>스폰서십 유치 활동 전개 | 대상 기업의 집중적인 유치 활동 전개<br>- 우선 순위 대상 기업을 중심으로 Face-to-Face Marketing 활동<br>- 의사결정 지연중인 대상 기업 Push<br>판매 대행사 활용<br>- 1단계 실적 수집 : 스폰서십 판매실적 + Contact 기업 및 담당자 리스트<br>- 실적 확인 및 평가 : 해당 기업체 Contact 유무 및 내용 확인<br>- 추가 대행사 선정 : 필요시 신규 대행사 추가 모집 |
| 3단계<br>스폰서십 확정/계약 | 스폰서십의 최종 확정 및 계약 체결<br>유치 실적 부진 시 '금액, 현물 비율, Benefit' 범위 조정 |

## 스폰서십의 종류

타이틀 스폰서: 스폰서는 이벤트 명칭의 한 부분이 된다(팔도 프로야구)
제공 스폰서: 이벤트 이름 뒤에 붙는다(이 제공은 SK텔레콤)
대부분의 미디어는 이벤트에 대한 설명에서 맨 마지막의 스폰서 이름을 삭제하기 때문에 타이틀 스폰서만큼 가치는 없다.

현물 스폰서: 현금이 제공되지 않고 서비스가 제공된다.
현물도 이벤트에서는 돈을 주고 구입(비행기표, 음식, 음료 등) 하는 것이기 때문에 현금 만큼의 가치가 있다.

공식 스폰서: 이벤트에 제품이나 서비스를 독점적으로 제공하는 스폰서
매체 스폰서: 인쇄물, 라디오, TV, 웹사이트 스폰서
공동(Co-)스폰서: 다른 스폰서들과 함께 이벤트의 스폰서가 되는 회사

## 스폰서십 판매대상 기업

현재 시장에서 다른 이벤트에 스폰서를 제공하는 큰 규모의 광고주에게 초점을 맞출 필요가 있다. 광고주에게 이벤트 마케팅의 가치에 대해 설득할 필요가 없고, 단지 이벤트의 가치에 납득시키면 되기 때문이다. 또 다른 시장에서 유사한 이벤트에 스폰서십을 제공하는 회사에도 초점을 맞춰야 한다.

## 스폰서는 다른 스폰서를 데려온다

소매상은 진열되어 있는 상품의 형태로 다른 스폰서를 데리고 올 수 있다.
대규모 할인매장은 더 중요한 판매 공간을 차지하려고 경쟁하는 판매업자들에게 압력을 행사함으로써 스폰서십 판매를 증가시키는 데 큰 영향력을 갖는다.

스폰서십 판매를 위해 연예인을 이용할 수도 있다.
아티스트, 관광축제 스폰서와 초기부터 협력함으로써 이벤트에 참가한 연예인의 추천은 새로운 스폰서 참여의 계기가 될 수 있다.

## 훌륭한 스폰서십 마케팅 계획 개발의 세가지 비결

1. 이벤트에 스폰서를 제공하는 10가지 이유들 중, 무엇이 잠재 스폰서의 관심을 유발시키는지 발견하고 그런 이유들을 중심으로 스폰서십 판매 수단을 개발하라.

2. 자기의 이벤트에서 스폰서에 적합한 부분을 찾아라.
회사의 상품구매고객의 인구통계 유형과 자신의 이벤트가 목표로 하는 인구통계 유형이 일치되도록 하라.

3. 지역적으로나 전국적으로 어떤 회사가 자기 지역에서 이미 스폰서로 있는지 찾아라.
그렇게 하면 그 회사에 일반적인 스폰서십에 대해 납득시킬 필요 없이, 단지 자사 이벤트에 스폰서를 제공하는 데 대해서만 납득시키면 된다.

페스티벌 강의노트

# 100℃로 올리는 페스티벌 기술

독창성과
기획이
만나다

# 11_

# Festival 평가

FESTIVAL NOTE 100℃

## Festival 평가의 의미

평가의 의미는 측정하고자 하는 어떤 대상의 가치나 수준을 평가하는 것으로 측정·검사 등의 용어와 유사하다.
평가는 목표가 달성된 정도에 대한 측정으로 규정하기도 하며, 가치를 배분하고 사업이나 활동의 가치를 결정하는 과정이라고 규정한다.

## Festival 평가의 목적

축제이벤트 평가는 이벤트개최를 통해 얻은 성과를 알아내기 위하여 이벤트의 계획과정에서 종료까지의 전 과정 분석하고, 그 결과를 통해 관리과정상의 성과를 개선하고자 하는 활동 이다.

결국 평가는 개최조직 구성원에게 수행과정상의 개선점을 제공하고, 외부 이해관계자에는 이벤트의 성과를 파악할 수 있는 정보를 제공한다.

## Festival 평가의 효과 구분

| | |
|---|---|
| 축제평가의 효과 | 효과를 평가하는 것과 효율을 평가하는 것의 두 가지 유형으로 구분된다. |
| 효과를 평가하는 것 | 목적을 달성하였는가를 확인하는 것으로 경제적 효과의 경우와 같이 얼마나 축제의 목적에 잘 도달했는가를 측정하는 것이다. |
| 효율을 평가하는 것 | 자원의 이용에 관한 측정으로 축제가 예산의 낭비 정도 또는 축제 중 지출항목의 적절성을 측정하는 것이다. |

## Getz의 평가이유

- 문제의 규명과 해결을 모색
- 관리를 개선하는 방법을 추구
- 이벤트나 프로그램의 가치를 결정
- 성공과 실패를 측정
- 비용과 편익을 판단
- 파급효과를 측정하고 파악
- 스폰서와 관계당국을 만족시킴
- 스폰서와 관계당국의 승인·신뢰·지원의 근거

## TIP Getz의 경제적 영향 평가 측정 과정

- 명백한 연구 목적을 설정하라
- 자료 필요성과 적절한 방법을 결정하라
- 이벤트의 참가자를 결정하라
- 방문객의 전체 숫자와 방문횟수를 계산하라
- 방문객 조사를 실시하라
- 방문객에 의한 총 소비액을 계산하라
- 방문객에 "귀속시킬 수 있는" 소비액을 추산하라
- 순소득과 거시경제적 효과를 계산하라
- 비용-효과의 평가를 실시하라

## Faulkner, B의 평가이론

- 이벤트의 목적, 전략과 전술, 타깃이 적합한지에 대한 프로그램 검토의 단계로 적합성을 평가
- 실행평가의 단계로 실행결과와 데이터자료를 측정
- 일반적인 분석의 단계로 단기적인 효과와 환경적 요인 등을 측정하여 효과성을 평가
- 비용 대비 순이익 등을 측정하는 비용편익에 대한 효율성을 평가

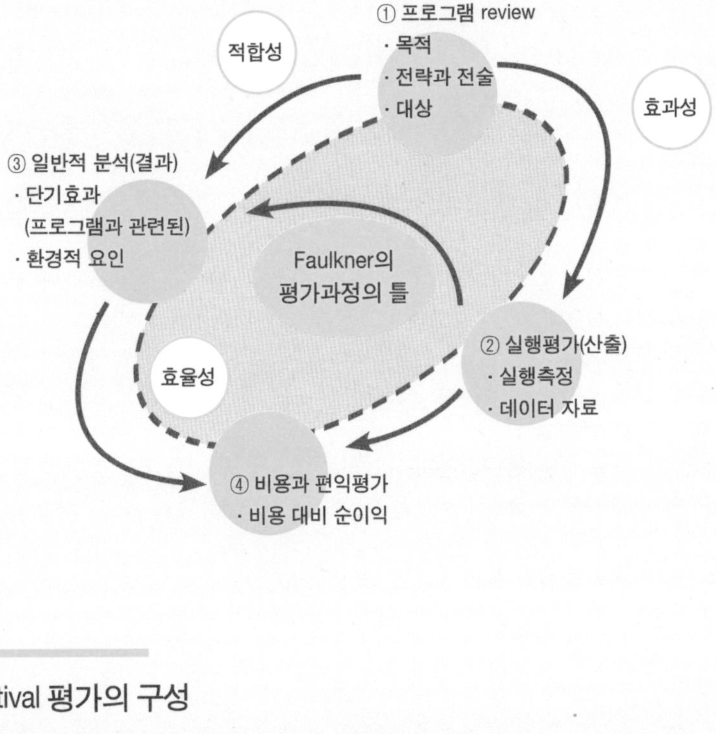


## Festival 평가의 구성

축제평가의 구성은 평가주체와 객체 그리고 평가도구로 이루어진다.
평가주체와 평가도구는 어느 쪽이 평가주체가 되고 어느 쪽이 평가객체가 되느냐에 따라 객관성의 문제와 관련이 있다. 평가도구는 평가방법과 유사한 개념으로 어떠한 평가도구를 썼느냐에 따라 합리성의 문제와 긴밀하게 연결되어 있다.

## Festival 평가의 모형

축제의 평가는 기획과 운영, 평가가 하나의 틀로 이루어져 있다.
이전에 실행했던 축제의 평가의 자료를 기준으로 새로운 축제의 기획이나 운영을 실행한다.
수용체계나 행사의 구성, 행사의 홍보, 참가자의 만족도 등 축제 기획·운영에 대한 평가와 정치, 경제, 사회문화, 환경의 영향에 대한 평가를 실시하여 통제하고 조정하는 과정을 거친다.

**축제 평가의 모형은 평가 후 나온 데이터를 가지고 다시 기획하는 순환(circulation)의 형태가 된다.**

## Festival 평가 방향

| | |
|---|---|
| 형성 평가 | - 축제개회의 타당성을 분석하는 사전평가<br>- 효율적 집행 방안 탐색을 위한 평가<br>- 투자의 우선순위를 설정 할 수 있어 성공적인 축제의 실현가능성 검증 |
| 과정 평가 | - 축제기획, 축제운영 등 준비과정을 대상으로 수행되는 평가<br>- 축제기획 및 축제운영의 효율성을 향상시키기 위해 적용 가능<br>- 축제성과의 원인규명에 기여 |
| 산출 평가 | - 축제 개최 이후 성과 대상을 대상으로 수행하는 평가<br>- 축제의 실질적 효과와 영향, 전반적인 가치와 전체 과정에서 나타난 결과 및 결합을 평가<br>- 목표달성이나 성취의 정량적 평가가 가능한 상황에서 목표의 달성도 및 파급효과의 영향에 대한 평가 |

## Festival 관련 평가방법

| 논자 | 평가방법 / 조사방법 | 내용 |
|---|---|---|
| 문화관광부(2003) | 설문조사, 참관평가, 외래객유치조사 | 공통평가와 선택평가로 나누어 평가, 중요도에 따른 가중치부여 |
| 문화연대(2003) | 참관평가, 설문조사 | 준비평가, 시행평가, 사후영향 평가 |
| 이훈(2002) | 삼각측량방식 | 참여관찰, 설문조사(방문객, Tracking Study), 면접조사(운영자와 자원봉사자 등) |
| 한국지방행정연구원(1999) | 재무분석<br>경제성 분석<br>파급효과 분석<br>성과분석 | ① 자금흐름, 재원조달, 유통성계획<br>② 비용편익분석, 다기준평가법<br>③ 산업연관분석, 계량경제모형<br>④ 실태조사, 설문조사, 통계적 분석 |
| Allen et. Al(2002) | 데이터수집, 참여관찰, 피드백미팅, 설문조사, 표본조사 | 참가자수, 프로그램, 시설 |
| Getz(1997) | 설문조사, 출입구조사, 군중 수 추정, 참여관찰 | 마케팅관점(동기, 추구편익)과 영향평가 포함 |
| Goldblatt(1997) | 설문조사, 참여관찰, 전화와 우편조사 | 훈련된 모니터요원이 점검목록에 평가내용 기재, 축제 후 기대치와 경험을 비교 |

축제의 평가는 축제가 종료된 후에 실시되지만
축제의 준비과정이나 실행과정, 그리고 종료 후의 평가시점까지 지속적으로 이루어진다.

**일반적으로 사전평가, 실행평가, 사후평가로 이루어짐.**

- 사전평가: 축제 개최의 진행여부, 반응, 참가인원, 비용과 편익을 예측
- 실행평가: 참여관찰, 심층면접을 통하여 개선사항을 사전에 평가
- 사후평가: 가장 일반적인 형태로써 축제에 대한 통계 및 자료를 모아 축제목표 분석

## Festival의 평가항목과 기준

**기준은 지표와 유사한 개념으로 어떤 사상의 속성이나 상황을 잘 나타내는 척도를 말한다.**

| |
|---|
| 평가기준은 평가를 위한 지표를 의미하며, 지표의 정의, 평가산식, 평가기준치, 등급구간 및 가중치 등 5가지를 기본요소로 함. |
| 평가지표는 측정가능성, 개선가능성, 관리가능성, 상태적 중요성, 충분성과 비교가능성의 6가지 속성을 가짐. |

축제 평가항목은 계량적인 내용과 질적인 내용이 모두 포함되어 있기 때문에 일괄적인 지표를 적용하는 데 어려움이 있다.

항목에 따라서 질적인 내용과 양적인 내용을 포함하는 항목도 있기 때문에 특정항목의 경우 두 가지 이상의 지표를 적용해야 하는 어려움이 있다.
예) 화장실 시설 등의 관리상태에 대한 5점 척도를 적용하고, 전체 참가자 수 대비 화장실의 개수 등의 양적인 척도를 적용할 수 있다.

페스티벌 강의노트

# 11_

# Festival 평가

## 사례검토_

# 제59회 백제문화제 평가의 사례

_ 출처: 제59회 백제문화제 개선 및 발전방안, 백제문화제조직위원회, 2013.

FESTIVAL NOTE 100℃

## 1) 평가 범위

| | |
|---|---|
| 공간적 범위 | 충청남도 공주시 / 부여군 백제문화제 행사장 일대 |
| 시간적 범위 | 2013년 9월 28일(토) ~ 10월 06일(일), 총 9일간 |
| 내용적 범위 | 백제문화제 전반 만족도 평가(프로그램 / 행사장 / 편의시설 / 홍보)<br>백제문화제 방문 동기<br>백제문화제 재방문 및 타인추천 의향<br>백제문화제 방문 비용 및 지출 비용: 축제의 경제적 파급효과 파악<br>백제문화제 정보 출처 및 가치 |

## 2) 평가 방법

축제평가는 축제 방문객을 대상으로 직접 조사방식으로 진행함.
조사의 범위는 2013년 만 15세 이상의 축제 방문객으로 한정, 총 628명의 유효표본 수집.

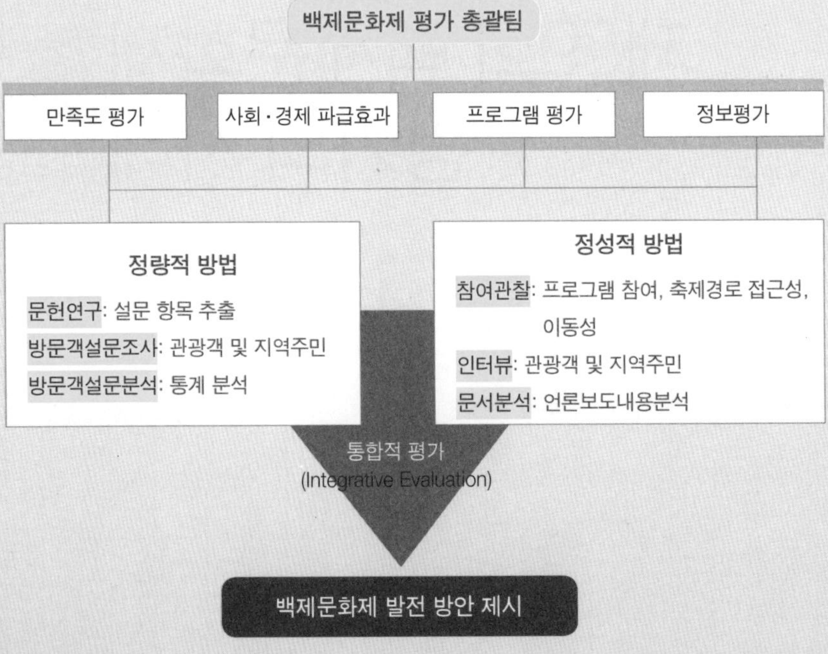

### 3) 축제 방문객 특성

방문자의 거주지는 공주와 부여(44.8%)가 가장 높고 그 다음이 대전과 충남권(34.5%)이다. 백제문화제가 지역주민과 근교민을 중심(79.3%)으로 확산되고 있어서 전국화 방안을 고려할 필요성이 나타난다. 체류시간은 2-5시간, 77.07%로 다수를 차지하고 있다.

거주지

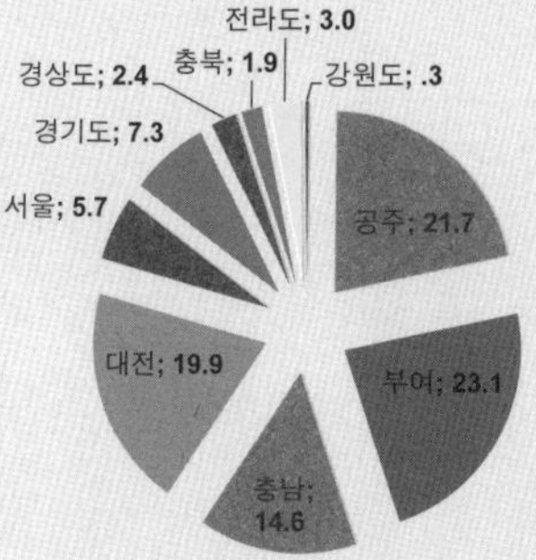


축제장 체류시간

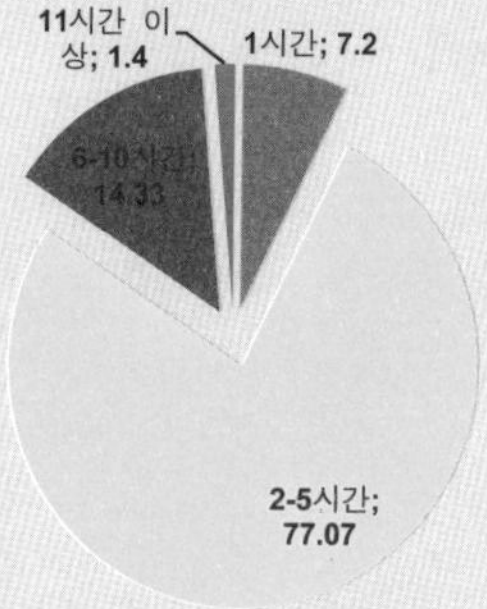


### 4) 축제방문 경험 및 동기

백제문화제가 지역 방문의 주된 동기라고 응답자의 65.9%(414명)가 응답하였으며, 백제문화제의 참여경험이 있는 응답자가 418명(66.6%)로 나타났고, 이전 방문횟수는 5회 이상이 139명(22.1%)로 나타났다.

백제문화제가 지역방문의 주요 이유

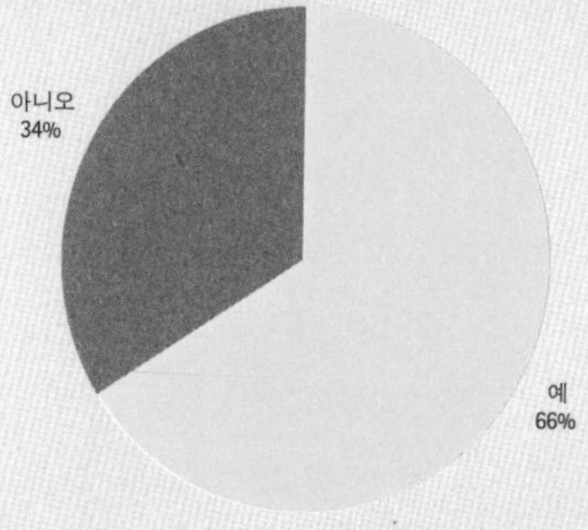


백제문화제 방문 횟수

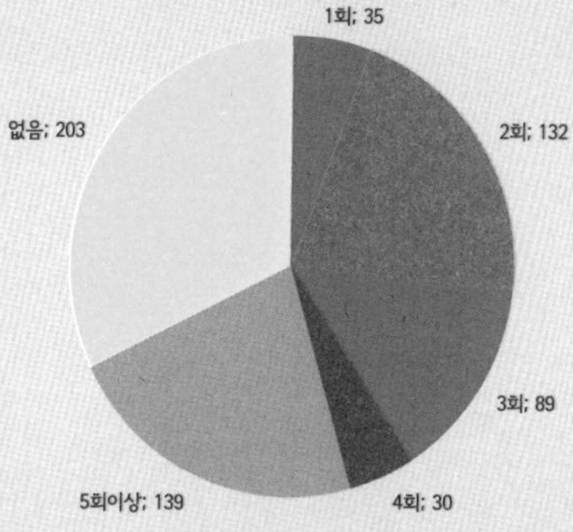

## 5) 축제방문 동기

백제문화제 방문객은

① 가족, 친구와 함께 여가시간을 보내기 위해 〉② 축제분위기를 즐기기 위해 〉③ 백제의 역사와 전통문화를 접하기 위하여 백제 문화제를 방문하는 것으로 나타났다.

백제문화제 방문동기

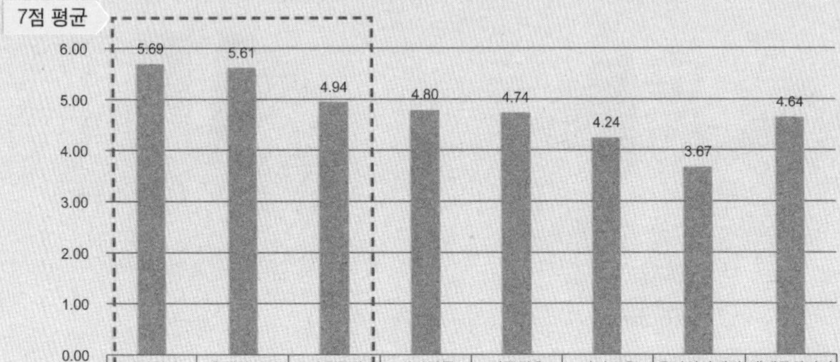


| | 여가시간 | 축제분위기 | 전통문화 | 전시작품 | 가족권유 | 자녀교육 | 우연히알게됨 | 백제문화관심 |
|---|---|---|---|---|---|---|---|---|
| 방문동기 | 5.69 | 5.61 | 4.94 | 4.80 | 4.74 | 4.24 | 3.67 | 4.64 |

※ 전혀그렇지 않다=1 … 매우그렇다=7로 7점 척도로 조사하였음.

## 6) 방문객 만족도: 분야별 만족도

백제문화제 방문객 분야별 만족도 조사내용: 18항목

| 설문조사 내용 | 약칭 |
|---|---|
| 축제행사장까지 쉽고 편하게 찾아올 수 있었다. | 접근용이 |
| 사전홍보를 통해 축제의 내용 및 일정을 알고 있다. | 사전홍보 |
| 행사장내 안내시설이 잘 되어있다. | 안내시설 |
| 행사안내 팸플릿이 잘 되어있다. | 안내책자 |
| 행사장내 안내요원들의 서비스에 만족한다. | 요원친절 |
| 행사내용이 재미있다. | 행사재미 |
| 행사내용이 다양하다. | 행사다양 |
| 직접 참여하는 체험프로그램에 만족한다. | 체험프로 |
| 행사내용을 통해 이 지역의 문화를 잘 알게 되었다. | 문화이해 |
| 축제 관련 기념품의 종류가 다양하다. | 상품다양 |
| 축제 관련 기념품의 품질이 좋다. | 상품품질 |
| 축제 관련 기념품의 가격이 적당하다. | 상품가격 |
| 음식의 종류가 다양하다. | 음식다양 |
| 음식의 가격이 적당하다. | 음식가격 |
| 행사장 주변의 유명한 관광지도 방문할 것이다(방문했다). | 연계관광 |
| 주차시설 이용이 편리하다. | 주차편리 |
| 휴식공간(벤치, 휴게실)이 잘 되어있다. | 휴식공간 |
| 화장실이 청결하다. | 화 장 실 |

※ 전혀그렇지 않다=1 … 매우그렇다=7로 7점 척도로 조사하였음.

## 7) 항목별 만족도(3년 간의 비교)

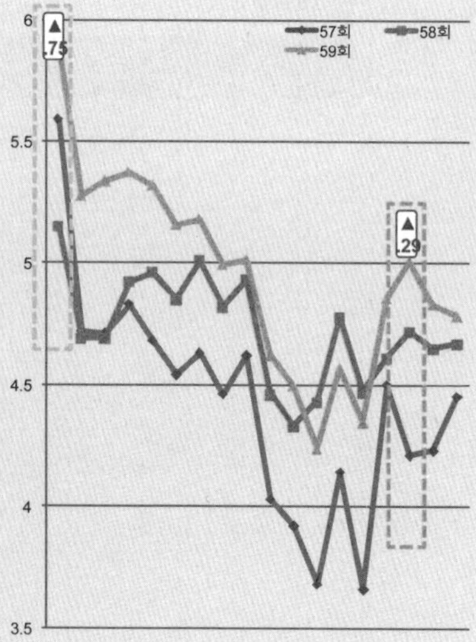


* 전반적 만족도 개선
회를 거듭할수록 전반적 향상

* 접근성 개선
평균점수 이상의 만족도를 나타냄

* 주차시설에 대한 만족도 향상
개선되는 추세이나 동선을 고려한 보완 개선 필요

* 가격에 대한 만족도
기념품 가격과 음식가격은 전년도와 비교하여 소폭 하락 추세

## 8) 축제 경제적 파급효과 분석

제59회 백제문화제의 방문객의 1인당 평균 소비 금액은 67,652원이며, 제59회 백제문화제를 통하여 유발된 지역경제 파급효과의 총액은 1,079억 여 원에 이른다.

제59회 백제문화제 지역경제 파급효과 분석

| 구분 | 1인당 평균지출액(원, A) | 방문객수(명, B) | 지역파급효과(원, A*B) |
|---|---|---|---|
| 교통비 | 15,647 | 1,595,923 | 24,971,147,971 |
| 숙박비 | 8,538 | | 13,625,545,850 |
| 식음료비 | 27,039 | | 43,151,450,439 |
| 유흥비 | 2,946 | | 4,701,904,277 |
| 쇼핑비 | 10,748 | | 17,152,510,267 |
| 기타비용 | 2,735 | | 4,365,182,313 |
| 합계 | 67,652 | - | 107,967,741,117 |

## 9) 방문객의 축제 프로그램 평가

백제문화제의 20개의 대표 및 중점 프로그램 중 상위 5위 안의 프로그램은 다음과 같다. 대표 프로그램과 흥미로운 프로그램은 상위 3위가 동일하였으며, 대표 프로그램은 퍼레이드가 중점적으로 선택되었고, 흥미로운 프로그램은 체험을 중심으로 선택되었다.

대표프로그램(n=628, 중복 응답) / 흥미로운 프로그램

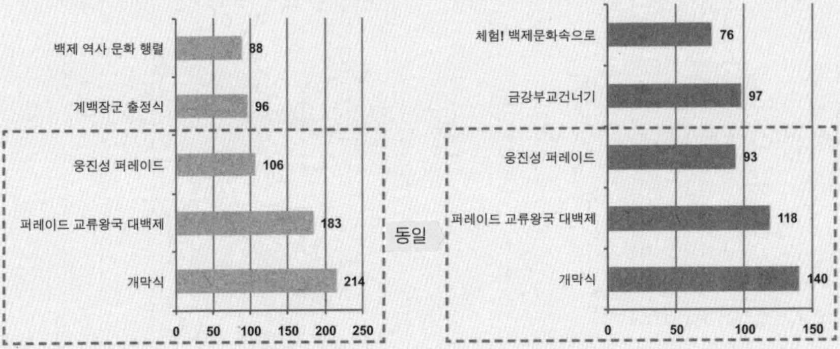


## 10) 제59회 백제문화제 프로그램 평가

인상적인 프로그램과 가족이 참여하기 좋은 프로그램은 체험을 중심으로 구성된 프로그램이 선택되었으며, 빛을 중심으로 하는 백제 등불향연은 축제 참여자들에게 강렬한 인상을 남긴 것으로 평가된다. 한편, 이후 방문객 인터뷰 결과 서동의 노래와 같은 국악뮤지컬에 대한 기대와 평가는 매우 긍정적이었으나 관람객이 적은 한계를 나타내었다.

인상적인프로그램(1위-5위)

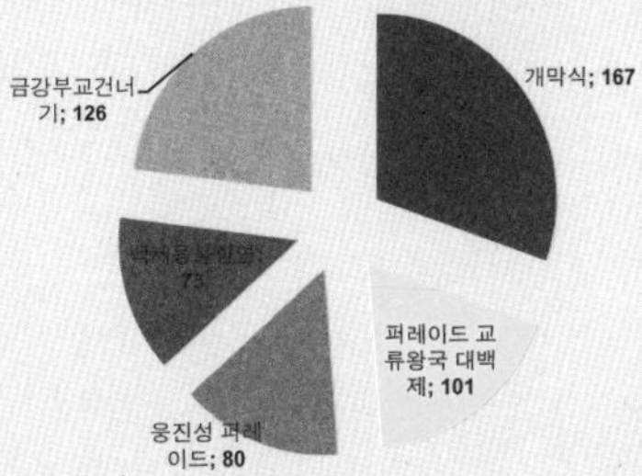


가족이 참여하기 좋은 프로그램(1위-5위)

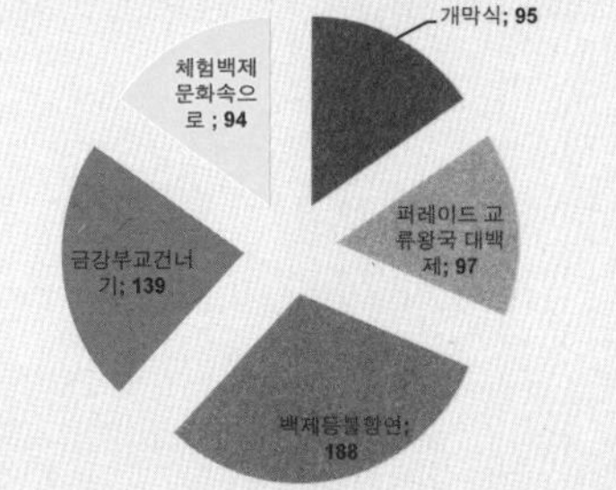

## 11) 참여관찰 평가 결과

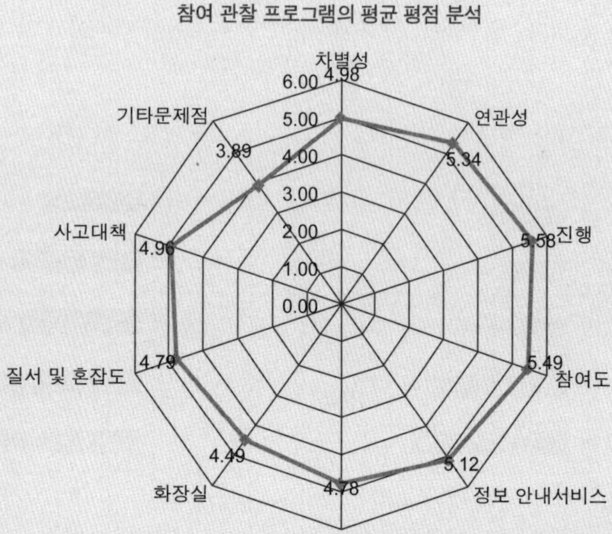


**총평**

· 종합축제라는 이미지 구축
· 종합축제라는 이미지를 축제 프로그램과 조화를 이루도록 조정할 필요성 요구
· 백제문화를 알리고 방문객의 참여를 도모하기 위한 여러 노력은 긍정적, 편의시설 및 기타 문제점에 대한 평가가 저조하여 이를 극복하기 위한 노력 필요
· 백제문화의 표상이 되는 제전, 대중성을 바탕으로 하는 체험 프로그램, 그리고 역사퍼레이드 프로그램으로 세분화하여 백제문화제의 주제를 표현하여, 대중적인 역사문화축제로의 전환 필요

# 참고문헌

## 국내 자료

강해상(2004), "축제평가체계연구," 경기대학교 박사학위논문.
김근배(2009), 『컨셉크리에이터』, 책든사자.
김응렬(2004), 『사회조사방법론의 이해』, 고려대학교 출판부.
김장원(2012), "메가이벤트가 지역주민의 삶의 질에 미치는 영향," 『관광학연구』.
김재현(1998), "축제의 기능과 운영(축제와 인간)," 성균관대 대학원 석사학위논문.
김종덕(2011), "이벤트실무자들의 진행자 선택요인에 관한 연구," 배재대 대학원 석사학위논문.
김형남(2008), "도시마케팅 성공을 위한 전략과 제언," 『광고정보』.
남치호・김춘식(2002), 『세계축제경영』, 김영사.
류인평(2010), 『이벤트경영론』 제2판, 기문사.
류정아(2006), "축제의 연행론적 분석," 『축제와 문화의 본질』, 유럽사회문화연구소 연세대학교 출판부.
류정아(2007), "지역축제평가 및 지원체계연구," 한국문화관광연구원.
박광무(2013), "지역문화관광포럼 기조연설자료 '지역과 공생하는 창조관광'," 부산발전연구원.
박정배(2009), 『공연마케팅』, 대왕사.
박정배(2012), "제천한방바이오박람회활성화방안 주제발표," (재)제천한방바이오진흥재단.
박정배(2012), 『페스티벌론 강의워크북』(비매품), (사)한국이벤트연구소.
박정배(2013), "제주MICE산업박람회활성화방안 주제발표," (사)제주관광학회.
박정배(2013), 『예술경영학개론』 개정판, 커뮤니케이션북스.
서승석(2006), "대한민국 국가이미지 형성요인과 이벤트 참여의도에 관한 연구," 경기대학교 박사학위논문.
서태양・부숙진・조태영(2008), 『세계화 시대의 지역축제 경영』, 기문사.
성은희(2004), "컨벤션주최자와 스폰서간의 협력관계에 관한 연구," 경기대학교 박사학위논문.
손선미(2010), "이벤트 학술지의 연구동향과 비판적 고찰: 이벤트컨벤션연구지를 중심으로," 한국이벤트컨벤션학회.
손선미(2012), 『관광이벤트론』 제2판, 대왕사.
신창열(2006), "이벤트산업현황과 발전방안," (사)한국이벤트연구소.
신창열(2010), "청운대학교 공연기획경영학과 특강자료".
안광호・유창조・전승우 역(2008), 『마케팅원리』 12판, 시그마프레스.
오순환(2001), "한국형 축제 모델 찾아내자," 『문화도시 문화복지』 99호, 문화정책개발원.
원융희(2003), 『세계의 축제문화』, 백산.
육종술(1993), "스포츠마케팅을 위한 스폰서십 모델개발," 고려대학교 박사학위논문.

이경모(2002),『이벤트학원론』, 백산.
이경모(2007),『SIT 특수목적관광』, 백산.
이동수(2007), "지역축제성공의 우선순위 결정요인에 대한 비교 연구," 한국지방정부학회.
이봉석외 7인(1998),『관광사업론』, 대왕사.
이정학(2008),『축제이벤트』, 대왕사.
이태희(2003),『축제브랜드경영론』, 대왕사.
이호준·최석준·최용석(2013), "제주특별자치도/제주국제자유도시 추진에 따른 경제적 성과분석," 한국개발연구원.
이훈(2006), "축제체험의 개념성 구성모형,"『관광학연구』30(1).
임의택(2004),『이벤트론』, 대왕사.
장병권(2013), "창조경제의 개념과 관광산업,"『문화관광저널』.
장영렬·이시혁(2002),『이벤트계획실무』, 커뮤니케이션북스.
정강환(2004),『관광이벤트』, 인플러스넷.
정무형·이준엽 공역(2004),『이벤트경영과 이벤트관광』, 백산.
정석순(2009·2012), "경기도 세계도자비엔날레 개막식행사·천안국제웰빙푸드엑스포 홍보 프리젠테이션 기획자료" 일부 발췌.
조현호·송재일·서윤정(2008),『관광이벤트의 기획과 실제』, 대왕사.
채서일(2007),『마케팅』제4판, 비엔엠북스.
채용식·박재완·김미자(2001),『관광축제이벤트론』, 학문사.
천현숙(2010),『카피라이팅의 원리와 공식』, 커뮤니케이션북스.
최유진·이두엽 역(1994),『이벤트마술』, 김영사.
하버드비즈니스 프레스 엮음·이상욱 역(2008),『협상의 기술』, 한스미디어.
한정호·강승구(2005),『홍보론』, 한국방송통신대학교출판부.
한정호·손진기(2004),『성공적인 마케팅 PR』, 한나래.
홍영의 역(2002),『기획대사전』, 가람출판사.

국외 자료

Jackson, Anna(2008), *EXPO: international Expositions 1851-2010*, London: V&A publishing.
Shone, Anton & Parry, Bryn(2004), *Successful event management*, Thomson.
Skinner, Bruce E. & Rukavina, Vladimir(2003), *Event Sponsorship*, John Wiley & Sons, Inc.
Bowen. J. & Sparks, B. A.(1998), *Hospitality marketing research; a content analysis and implications for future research International Journal of Hospitality anagement 17*, pp.125-144.
Crompton, J. L.(1987), *Developing a Comprehensive Sponsorship Program, Doing more with less in the Delivery of Recreation and Park Service: A Book of Case Studies*, Venture Publishing, Inc.

Fredline, Liz & Deery, Margaret & Jago, Leo Kenneth(2006), "Development of a scale to assess the social impact of tourism within communities," *Technical Report.* Cooperative Research Centre for Sustainable Tourism, Queensland.

Geldard, E. & Sinclair, L.(1996), *The Sponsorship Manual, The Sponsorship Unit*, Victoria.

Getz, D.(1994), "Event Tourism: Evaluating the Impacts, Tralvel," *Tourism and Hospitality Research 2nd Edition.*

Getz, D.(1997), *Event Management & Event Tourism*, Vol. 5, Cognizant Comminication Corporation.

Goldblatt, J.(1997), *Special Events: Best Practice in Modern Event Management*, Van Nostrand Reinhold.

Johnny Allen, J. & O'Toole, W. & McDonnell, I. & Harris, R.(2002), *Festival and special Event Mangement*, p.168.

Kuhn, Helmut, *Die Vollendung der klassischen deutschen Ästhetik durch Hegel*, Berlin 1931.

Hoyle, Leonard H.(2002), "Event marketL how to successfully promote event, festivals," *conventions, and expositions*, John Wiley & Sons, Inc.

Kotler, Philip(1991), *Marketing Management*, Prentice-Hall International.

Lade, C. & Jackson, J.(2004), "Key Success Factors in Regional Festivals: Some Australian Experiences," *Event Management*, 9: 1~11.

Meenaghan, T.(1991), "Sponsorship - legitimizing the medium," *European Journal of Marketing*, 25, pp.5-10.

Poon, A.(1997), "Global Transformation: New Tourism Defined, in L. France(ed.)," *The Earthsan Reader in Sustainable Tourism*, London: Earthscan Publications.

Sandler, D. M. & Shani, D.(1989), "Olympic sponsorship versus ambush marketing, who gets the gold?," *Journal of Advertising Research*, 29(Aug., Sep.), pp.9-14.

Sonder, M.(2003), *Event Entertainment and Production*, John Wiley & Sons, Inc.

Harris, Thomas(1993), *The Marketer's Guide to PR,* New York: John Wiley & sons, Inc., p.78.

Trauer, B., *Conceptualizing Special Interest Tourism: Frameworks for Analysis*, Tourism Management.

Weiler, B. & Hall, C. M.(1992), *What's Special about Special Interest Tourism*, Special Interest Tourism.

Wilkinson, D.(1998), *A Guide to Effective Event Management and Marketing.* Willowdale, Ontario: The Event Management and Marketing Institute.

O' Toole, William & Mikolaitis, Phylis(2002), *Corporate event project management*, John Wiley & Sons, Inc.

Yeoman, I. et al.(2004), *Festival and Events Management: an International Arts and Culture Perspective*, Elsevier Butterworth-Heinemann.

態野草司,『商店界イベソト入門』, 誠文堂, 1988, p.13.

小坂善治郎,『イベソト戰略の實際』, 日本經濟新聞社, 1996, p.43.

기타 자료


경기개발연구원(2013), 이슈와 진단: 지역경제살리기와 축제.

국회입법조사처(2013), "지역축제 성과의 영향요인 분석과 개선방안: 보령머드축제, 함평나비축제, 화천산천어축제의 비교분석," 『NARS정책보고서』 제29호.

문화체육관광부(2013), 2014 문화관광축제선정 보도자료.

문화체육관광부(2010), 메가이벤트의 경제적 효과 추정.

문화체육관광부(2010), 2010 문화관광축제 종합평가보고서.

문화체육관광부(2010), 한국축제에 대한 외국인의 인식조사.

문화관광부(2006), 관광수요예측가이드라인설정연구.

문화관광부(2006), 문화관광축제의 변화와 성과(1996-2005).

문화관광부(2006), 지역축제의 효율적 조직과 운영을 위한 매뉴얼.

보령시(2013), 제16회 보령머드축제 결산보고서, p.10.

보령시(2013), 제16회 보령머드축제 홍보자료.

백제문화제추진위원회(2013), 백제문화제 개선 및 발전방안자료.

서울문화재단(2004), 예술현장 실무매뉴얼 시리즈 홍보.

삼성출판사, 『새우리말큰사전』(1995).

안동국제탈춤페스티벌추진위원회(2005), 축제장운영메뉴얼.

연하나로커뮤니케이션 창립25주년 기념백서(2010), 단 하나의 역사, 또 하나의 선물.

제천시 제천한방바이오진흥재단, 2012제천한방바이오엑스포 기본안.

청운대학교 산학협력단·(재)보령머드축제조직위원회(2013), 문화융성시대 글로벌보령머드축제 구축을 위한 심포지움 자료집.

청운대학교 공연기획경영학과(2005-2014), 페스티벌론 강의 및 학생발표지도자료.

한국관광공사(2004), 이벤트산업활성방안연구.

한국관광공사(2013), 지역관광활성화를 위한 축제활용 신규 정책사업 발굴 보고서.

한국문화관광연구원(2012), 메가이벤트 개최효과 분석 및 평가방안.

한국문화관광연구원(2006), 문화관광축제 육성방안, p.15.

한국문화관광연구원(2006), 한국지역축제 조사평가 및 개선방안 연구 실증조사보고서.

한국문화예술진흥원(1992), 도시문화 환경 개선방안 연구.

한국예술경영학회(2011), Arts&Business Symposium 자료집.

한국연구재단(2010), 2010년도 사업설명회자료집.

한국지방행정연구원(2011), 제주특별자치도 5년 종합평가, 총리실·제주특별자치도.

한국 지자체 주요박람회(엑스포) 기획자료(2010-2013).

_ 신문자료

서울신문 2013.01.20.일자 기사자료.

경향신문 2013.12.22.일자 기사자료.

_ 각 자치단체 축제관련 홈페이지 활용

www.Bie-paris.org.

www.expomuseum.com.

www.baekje.org(백제문화제).

www.edinburghfestivals.co.uk(영국 에든버러페스티벌).

www.expo2012.kr(여수세계박람회재단).

www.maskdance.com(안동국제탈춤페스티벌).

www.mcst.do.kr(문화체육관광부).

www.mudfestiv.or.kr(보령머드축제).

www.gwu.edu(GWU-Event Management Certificate).

www.qmu.co.uk.

http://www.rio-carnival.net(브라질 리우카니발).

http://sakurahouse-blog.com/jp(일본 사쿠라하우스축제).

www.sanfermin.com(스페인 산페르민축제).

_ 포털사이트

www.daum.net

www.naver.com

www.google.com